大家自述史

>>>

孙道临自述

孙道临 著

北京大学出版社
PEKING UNIVERSITY PRESS

图书在版编目(CIP)数据

孙道临自述/孙道临著. —北京：北京大学出版社，2011.9
（大家自述史系列）
ISBN 978-7-301-19123-1

Ⅰ.①孙… Ⅱ.①孙… Ⅲ.①孙道临－回忆录 Ⅳ.①K825.7

中国版本图书馆 CIP 数据核字(2011)第 119011 号

| 书　　　名：孙道临自述
| 著作责任者：孙道临 著
| 策 划 组 稿：王炜烨
| 责 任 编 辑：王炜烨
| 标 准 书 号：ISBN 978-7-301-19123-1/K · 0783
| 出 版 发 行：北京大学出版社
| 地　　　址：北京市海淀区成府路 205 号　100871
| 网　　　址：http://www.pup.cn
| 电 子 信 箱：zpup@pup.pku.edu.cn
| 电　　　话：邮购部 62752015　发行部 62750672
| 　 编辑部 62750673　出版部 62754962
| 印 刷 者：北京汇林印务有限公司
| 经 销 者：新华书店
| 　 890 毫米×1240 毫米　32 开本　7.5 印张　128 千字
| 　 2011 年 9 月第 1 版　2011 年 9 月第 1 次印刷
| 定　　价：28.00 元

未经许可，不得以任何方式复制或抄袭本书之部分或全部内容。
版权所有，侵权必究
举报电话：(010)62752024　电子信箱：fd@pup.pku.edu.cn

近年来，我在国内各地访问，遇到一些中年人，他们都亲切地对我说，他们是看我们的电影长大的，我们的电影陪伴着他们走上人生的道路。从他们的话里，我可以感到他们的喜悦和自信，感受到他们对自己所走道路的自豪感，因而愈加感受到他们对我们的深厚感情。不少青年人也告诉我，在我们所拍摄的影片中，他们看到了一种真诚的和国家人民共命运的感情，因而他们爱这样的电影远胜过那些颓废的灰色的作品。

孙道临自述

目　录

第一部分

太平花影缤纷处 / 003

从"丙上"到"甲下" / 005

没有失去的记忆 / 006

永远的诱惑 / 021

如果没有宗江 / 028

金山引我上银幕 / 033

金山和清华影业公司 / 036

我的朋友舒伯特 / 039

第二部分

汤晓丹印象 / 055

陈西禾和《家》 / 058

为什么他永不消逝 / 062

向夏衍前辈学艺 / 068

水华境界 / 071

凌子风风貌长青 / 076

"老坦克" / 079

第三部分

爱的馈赠 / 085

不仅是为了过去 / 088

记中村登 / 090

秋天的暖风 / 094

佐藤纯弥二三事 / 098

愿随精禽填沧海 / 102

华盛顿一晚 / 109

在太秦映画村 / 113

巴黎的第一印象 / 117

"复兴的钟声" / 119

法国人民向我们微笑 / 121

关于法国电影业的一点印象 / 124

访美随记 / 127

在旧金山排戏 / 130

在旧金山演戏 / 138

三访新加坡 / 141

孙道临自述

记蒙特利尔电影节 / 148

无言歌 / 151

真情常在 / 157

洗心行 / 162

写在影片《雷雨》上映之前 / 165

繁漪吃药 / 168

感情的海洋 / 170

我和朗诵 / 176

我与广播剧 / 180

第三个春天 / 183

我为什么想拍《三国演义》 / 185

且先圆了《三国梦》的梦 / 189

千呼万唤孟丽君 / 194

忘归巢记 / 204

惶悚 / 210

我很幸福 / 213

梦伦巴及其他 / 215

第一部分

孙道临自述

太平花影缤纷处

　　一封封贺年片寄出去,一封封接到的贺年片又挂满墙头,其中有许多是远方老友一年一度的祝贺。岁云暮矣,它们带来温暖,带来快乐:"我记挂你!"这记挂中不带有任何功利成分,只是一点点人间纯情。

　　它们使我想起童年,想起在古城北京度过的春节。一到腊月,母亲便忙起来了,用米粉做方糕;浸粽叶包粽子;把枣泥揉进糯粉,包上糖馅,填进木模,刻出石榴、梅花、宝瓶等种种形状的枣糕……啊,一掀开锅盖,热气腾腾,不能不使你急着想尝尝鲜。当然,新岁头几天,母亲免不了带着我和哥哥、姐姐逛逛厂甸。一出和平门,迎面而来的是何等热闹的景象!游兴已足的人们在车上插着高达3米的大糖葫芦,或者是"哗啦啦"震响着的纸风车迎风转动着,那色彩缤纷的小纸轮,好像在催你快快去融入那边快乐的人群。远处,传来"噗噔噗噔"作响的噗噗噔①、营营地欢唱着的空竹。快步走过去,却只见一连串的大席棚,里面挂着的全是一幅幅书画。可惜,小孩子家远没有到达能欣赏这些

---

　　① 噗噗噔是浇制成的褐色玻璃喇叭般的吹奏玩具,由于底部是封死的,吹奏时底部玻璃震动,发出"噗噔噗噔"的声音,故名噗噗噔。

高深墨迹的年龄,只忙不迭越过它们,挤进那最吸引人的、旧称海王村公园的厂甸。那是多么诱人的儿童世界!京剧假面具、闪着银光的刀枪、奇形怪状的风筝、红红绿绿的气球,还有那电光纸包裹着的带穗儿的花棍,剥下那花纸,便是一段段透明的糖棍儿。亲爱的妈妈还要带你登上那栏杆上围着白布幔的高台,到茶座上坐下……啊!到底是在高台上,看得远,黑压压一片,尽是兴高采烈的爸妈带着他们的孩子。甩掉一年辛苦生活的阴影,他们忘怀地露出本原的天真和欢乐。

然而,最难忘的,是到夜里,站在廊檐下,望着那被唤做"太平花"的烟火了。它的火花向上喷射着,一丛丛金黄色花朵飞向天空,照亮周围的暗夜,同时发出欢畅的"咝咝"声响。不到十岁的我呆望着,一刹那,我的心中充满了快乐……

记不起曾度过多少次这样的春节了。几年过去,辛酸和艰难接踵而来。逐渐,对于如何度过一切节日我已丧失了兴趣。包括自己的生日,也从不记住也不想记住是哪一天来到世上的。

只有到了1949年,记得那是新中国第一个国庆节的夜晚,我们许多演员到人民广场去,和前来联欢的人一起跳集体舞,直到第二天清晨。变得沉闷孤独的我,又重拾起童真的快乐。只不过,与童年不同的是,这种快乐,又融合着多少对于生活的信念和向往。

我时时想起童年时春节的欢乐,想起太平花升向天空的金黄色花朵。在那缤纷的花影中,那时小小心灵里,闪动着多少莫名的对人生的美丽憧憬。唉,但愿我能永远记住那童真的情趣,永远保持那颗赤子之心,那种对人生的朦胧却真切的爱。

太平花影缤纷处,童真情,别来无恙!请继续给我的信心和向往,涂上纯净的底色。

从"丙上"到"甲下"

和文艺结缘,是在我 14 岁那年。那时我在北京崇德中学一年级读书。我的父亲管束甚严,希望我将来学工程。他抱病在家,每天躺在廊下藤椅上,命我搬个小板凳坐在他跟前做三角几何题。我也立志做一个好学生,尽管正弦、余弦(Sine,Cosine)等等搅得我头昏脑涨,但仍然勉力去做。天,那可真是一场耐性的锻炼!但,数学可以靠做习题过关,国文可就不行了。我的文思很枯窘,作文经常得"乙下"或"丙上",这怎么行呢?

教国文的王汝梅老师比其他老师都年轻。他刚从辅仁大学中文系毕业不久,在教学上有一股新鲜的朝气。一般老师上课都是按教科书循序讲授的,但有一天,汝梅老师走进课堂并不翻书,却直接拿起粉笔,在黑板上大书了"五四"两个字,随之就热情洋溢地讲起五四运动的意义和经过来,把我们都听呆了。我还是第一次发现,刻板的教室也可以成为一个生气勃勃的自由讲坛!从那以后,汝梅老师和我们的距离逐渐缩短了,他不仅是一个认真的授课老师,而且还成为我们心息相通的年长的朋友。

汝梅老师告诉我们,要在作文上取得进步,只靠读课本是不行的,一定要多读些课外书籍。经他的提倡,由学生自治会出面办了一个流通图书馆。就在阅报室内放上几只书柜,同学们各自从家里搬来一些书籍,把书柜塞得满满的。它们成了我们的宝库,给了我一个极便利的饱读机会,几乎每天回家后都要读一本小说或散文。从巴金的《灭亡》到法捷耶夫的《毁灭》、从李健吾的《心病》到福楼拜的《包法利夫人》……这还不够,嗣后又从同学那里借来《世界文学史话》,从小书摊上买来廉价本的《论语》、《孟子》……读的书很杂,但这样较为广泛的涉猎,把我带进不同的天地,使我开始认识到人世的复杂、知识的广阔;意识到,在熟读课本之外,还要去接触多变的世界、思考人生。不久,我又买了些活页纸,自己装订成册,开始写起日记来。

大约半年以后,我的作文第一次得了个"甲下",那次作的是什么题目已经说不清楚,但汝梅老师在文后的批语却牢记心头了:"旁征博引,议论风生,凤毛麟角,不可多得。"我把这本作文簿当做宝贝收藏起来,不给任何人看,天知道,它给我带来多大的欢喜!

没有失去的记忆

在我的记忆中,闪动着一个女同学的身影。

>>> 幼年的孙道临摄于北京庭园中。

孙道临和文艺结缘,是在 14 岁那年。他在燕京大学读书的时候,便着手准备组织燕京剧社。

那是多年前了。我在北京燕京大学读书。黄宗江和他的中学同学张福骈在天津南开中学时便喜欢演话剧。黄和我同年进燕京后,便和张着手组织燕京剧社。1939年春天,他们决定排练《雷雨》,原想找我演周冲,因我毫无舞台经验,后决定让我给他们当剧务和场记。那是我第一次参加戏剧活动。我们请了陈绵教授来导演。陈先生是留法戏剧家,翻译出版过《茶花女》、《天罗地网》、《牛大王》等名剧。唐槐秋先生在京创建中国旅行剧团,很多方面都得力于陈先生。他住在北京皇城根,每星期日,我们便进城去,在他家的大厅里排戏。那年暮春,《雷雨》在燕大礼堂公演了,惊雷叱电,轰动了整个校园。几个演员都很出色。当时石挥在北京剧社演戏,他也跟着陈先生从城内赶来帮助化妆。他以惯有的那种不动声色的神情说:"呵,演繁漪的女同学真行。嗓子绷儿绷儿的,赛过架小钢琴!"

演繁漪的是张福骈的姐姐张福堃。她平时沉默寡言,说起话来声音细柔。偶尔在校园遇见她去上课,她不紧不慢地走着,肩膀微微地摆动,素色旗袍,上身罩着件天蓝色的羊毛衫,苍白的脸,方方的下颚,嘴角挂着比蒙娜丽莎还要含蓄的微笑。这种微笑,也许只有你注意到她宁静的眼神时才能觉察到。在那令人抑郁的年代里,真说不清那里面包含的是喜悦,是希望,还是怅惘,抑或是淡淡的哀伤。总之,她就带着这样难解的微笑,踏着平稳的步子和你擦肩而过了。

作为戏中的繁漪,她就是带着同样的神情登场的。只是步子缓慢多了。黑色的旗袍,轻轻摇着的团扇,比生活中更为苍白的脸色,偶尔迸发出一两声轻柔的咳嗽。然而,当雷雨来临的时候,她的感情确像火山一样燃烧、爆发了,她的声音嘹亮得近乎疯狂,像一个演奏员用尽平生之力在演奏李斯特的狂想曲。

记得在一次演出之后,大家都兴奋得不想回宿舍睡觉,便一起在校园中徜徉。离女生宿舍不远的地方,有一座小丘,丘顶有座茅亭。小丘的四周是茂盛的草地。暮春的夜充满着丁香的气息。来到这里,忽然大家都不想走了,也都没有声息了。张福堃轻轻叹息了一声,向草地上躺去,用手帕盖起脸,不动了。大家不约而同地拉起手,围着她欢呼着,跳了起来。有人摘了一束丁香轻轻丢在她脸上,大家拍手笑着。她却依然宁静地卧着,似乎睡着了,似乎在做梦,似乎此时生命已离开她到一个遥远的美的国度去遨游了……

在那以后,我和她、宗江一起演了宗江翻译的一部独幕剧《窗外》。那是一出关于一个律师家庭的恋爱悲剧,我饰演的年轻律师的助手是"第三者"。第一次上台演戏,真像沉浮在大海中一样,六神无主,只是因为福堃是那样大姐般的沉静,使我这初出茅庐的"言情小生"镇定下来。

那时,大家是如此爱自己的剧社,经常讨论着打算演出的剧目:嘿,福堃嘛?给她演一个茶花女玛格丽特,一定绝啦!然而,《茶花女》并没有排成。两年以后,福堃却得了肺病,辍学了。我们到城里去看她,她平静地倚在床上,依然带着那种难解的微笑,像个大姐姐那样望着你,轻柔地说着话,偶尔在颊上闪现出一抹红晕。

1941年12月,太平洋战争爆发,燕京大学被日本宪兵封闭了,沦陷了几年的北京气氛是那样令人窒息。突然消息传来,福堃要结婚了,对象是我们一个同学。据说,这位同学一直默默地爱着她,矢志不渝。结婚仪式是在北京六国饭店举行的。这位同学挎着福堃的手臂走进礼堂,长年卧病的福堃走得那么稳,经过我面前的时候,透过那轻烟般的面纱,向我微笑着。我的心突然被一种甜美而又辛酸的感觉揪紧了!那微笑中,又闪现出多少生之勇气!福堃要击退病魔,迎接幸福;要冲破抑郁的氛围,创造自己的美丽、和谐的王国;要在喧嚣的白日中创造自己的梦……一个肺病女,还能迈出更好的步子吗?

此后,我去看她,她仍旧是那样平静地倚在床上,平静地叙说着她怎样在寂寞中打发着日子。《雷雨》中那种狂热的激情似乎已经离开她很远很远了。然而,谁能说她内心深处不在时时卷起风暴呢?青春的热情并没有从她心中消失,只是她有着一种更为深沉的情感。她是学教育的,她没有孩子,然而,她开始为儿童写作,出版了几本薄薄的小说,给那抑郁世界带来一点爱的光辉……

解放后,她搬到唐山去住,就在那儿谢世了。我不知道,她离开人间时,嘴角是否仍然凝结着那难解的微笑,恐怕那是更为难以觉察的了,因为她已经永远合上她的眼睛了。

>>> 少年时代的孙道临与父亲在北京家中。

孙道临14岁在北京崇德高中读书的时候,他的父亲管教很严,他也立志做一个好学生。

我的思绪走得更远,那是55年前了。

那时我14岁,在崇德高中一读书。父亲管束很严,我立志做一个好学生,然而我的作文不好。教国文的王汝梅老师希望我多读些文学作品。在他倡导下,校内办了一个流通图书馆,同学们把自己家里的书籍都拿来会集在一起。这样,借阅各种各样的文艺书籍,就方便得多了。从《子夜》到《包法利夫人》……几乎是每天换一本。下课回家后,我以最快的速度读着,我对文艺的兴趣与日俱增了。王汝梅老师讲课的方式是活泼的。我们班有个同学叫朱迈先,是文学家朱自清的儿子,他文学修养的根底很厚,一天汝梅老师讲到宋词,就请来朱迈先到讲台上为大家念一首苏东坡的作品。我清楚地记得那时的情景:朱迈先稳稳地走到黑板前,在上面写下了苏东坡的《念奴娇》。他的粉笔在黑板上飞舞着,遒劲、有力,确有一种"惊涛拍岸,卷起千堆雪"的气势。当他缓缓地吟读着,讲着他的理解时,那宽厚的声音、深沉的眼神,使我心驰神往,进入了一个不寻常的境界。

就因为这一次活动,迈先几乎成为我崇拜的人物了。他比我大两岁,体胖,高大,蓬松的头发,粗重的双肩,浓密的胡碴儿……一次,他借给我一本尼采的《苏鲁支如是说》,扉页上有幅尼采的照片,我发现那浓眉下的眼睛,竟和他有些相像。只不过,他的眼神不是那么冷峻,而是在深沉之外,又显得那么仁厚,有些怅惘。当时迈先负责编辑一个由学生自治会出版的大型刊物《崇德学生》,希望我写一些稿件。就是在他的鼓励下,我尝试着写了第一篇作品。那时,我家后门在皇城根,沿这路走到西安门,不过两三百米之遥。在西安门旁,垃圾堆得像一座小山丘。从那里走过,总看见一些妇人和孩子在那里拾着,拾着,一块煤核、一双破鞋、一根碎骨……"北京城,垃圾堆上放风筝……"诗人卞之琳当时曾写下这样难忘的诗句。我家附近一个小胡同里,有个大杂院,住着许多穷苦人家,我经常听人讲述那里发生的凄惨故事。于是我写了一个关于拾垃圾女孩和她母亲的短篇,题为"母女俩"。迈先指点我进行了修改,就在《崇德学生》上刊载了。

暑假里,我住在西山陪伴我的父亲,迈先有时从几十里路外乘车前来,和我盘桓一两日,夜里到静静的山沟里,枕着大石,望着枝叶间的星座,谈文学,谈理想……有时,我也到清华园去探望他,有幸见到朱自清教授。教授矮矮的敦实的身材,一件淡米色衬衫,一条灰西裤,温和而且沉默,使我想起他的《背影》与《荷塘月色》,确是文如其人。看来迈先显然是继承了他父亲的沉稳忠厚,只是在他轻轻的语声中,常能感到一种难抑的激情和锐气。

那时,上海进步文艺工作者要编辑一本《中国的一日》报告文学集,公开征稿。迈先就以"辛不留"的笔名,在上面发表了一篇《北平的一日》。记得开端是这样写的:"在人们熟读金人铭的今日,我感到不能再沉默了。"他以犀利的笔调描绘了北平即将遭受日帝鲸吞时的种种情景,读后令人拍案欲起。1934年至

1936年,祖国忧患重重,抗日救亡的呼声愈来愈激荡着人们的心,就在迈先等同学的影响下,我开始购买《生活》《永生》《大众》等杂志,参加了迈先等组织的读书会,并投入学生运动。也是从这时起,我才走出了家庭的圈子,进入和广阔世界相结合的多思的青年时代……

抗战开始后,虽然离升学毕业只有一年了,但不少同学都毅然离开了这被占领的古城。有的人奔向大后方,迈先则遵从他父亲的意旨,先回故乡扬州去。此后,我们之间就再无音信来往……20年后,1957年春天,我到北京开会时,在颐和园偶遇一个当年曾在一起参加救亡活动的同学,问及迈先的下落,他变了脸色,轻声告诉我:解放后不久,他在南方被镇压了。

怎么回事?像一声晴天霹雳,我呆了半晌。听说在全面抗战后不久,他离开了扬州,后参加国民党军队做政工工作,问题就出在这以后,其他就不详细了。这位同学幽幽地说,眼神中流露着迷惘……我只能向他点点头,无声地告别。

人啊,竟会有如此难以想象的变化!我简直无法相信,这样忠厚的对人充满仁爱之情的迈先,革命者,竟会变成人民的死敌……当然,1957年那样充满剧烈阶级斗争气息的年代,我也能马上运用我自己的想象来勾画出他所以会这样变化的原因和图景了。想象是如此具体,闭起眼睛,我甚至像看见了他变成敌人后的神情,那双浓眉下的眼睛突然变得冷漠和严酷了。他曾经借给我的《苏鲁支如是说》,这时也起作用了:扉页上尼采的头像,浓眉下的眼睛,何等相像!吓,不是纳粹们就曾把尼采的超人哲学奉为圭臬的吗?那么迈先……难怪……他曾是喜读尼采的书的……

人啊,这就是我!有了变化的,倒不是迈先,而是我自己啊!因为,又是20年后,"十年浩劫"过去了,许多冤假错案都被纠正了、平反了。迈先的事也终于得到澄清。他的家属得到通知,他的被镇压最后证明是一个错误。现在,有关的组织正在做进一步的细密调查,以证实他在国民党军队的地下工作者身份。

"大江东去,浪淘尽,千古风流人物。"我又记起迈先走向黑板前讲解苏东坡词的刹那,那浓眉下,一双有些怅惘的诚挚的眼神。消逝了——风流人物,然而,他的眼睛是无法从我的记忆中抹掉的。我为自己曾经那样轻率而无情地把他勾画成敌人而感到惭愧!我,这就是我!我知道,忠厚的迈先是会原谅的。他深知我这样的人是软弱的,思想是容易被环境所左右的。然而,我却不能不感到痛苦,对于自己曾经这样信托过、深深敬爱过的人,我到底有多少真情呢!记得在解放后不久,我因到北影去拍摄《民主青年进行曲》,曾和当时在北京的两个老同学一起欢聚。在那次,我们谈起了迈先,但都对他别后的情况讳莫如深。这样谈谈也就算了。一直到我听见他噩耗的1957年,七年中,我再也没有想到过,要去寻找我这青年时代最好的朋友,去询问他的下落。如果早一些找到他,听他叙一叙离开扬州,到国民党军队中去工作的真相,我就不会那样随意去忖度他了!"君子之交淡如水。"这曾经是我的信条。但这信条下面,隐藏着多少我对人世的淡漠、功利,以至无情!

迈先,你曾给我那么多的灵感和启示,我欠你的感情债是无法偿还的!

有一双淳朴、真挚得近乎拙讷的目光,那是属于一位演员朋友的。

解放后,上海电影制片厂刚刚建立,演员们来自四面八方,聚集在建国西路一座小洋房内学习。其中有原在上海的影剧演员,有从抗战开始就参加演剧队的,也有来自老解放区文工团的。大家虽然素不相识,但初解放时那种激情和理想把大家拴在一起,感到出奇的和谐。对我这长期待在沦陷区和国民党统治区的人,"革命干部"是何等光荣的称号。穿上中山装感到兴奋极了。看到老区来的演员朋友,更有一种特殊的亲切感。当然,从部队文工团调来的许多同志,也确以他们的朴实和谦虚赢得了我们的心。范正刚就是其中的一个。初见面,他哪里像个演员!光头,已经有些谢顶了,看人时眼睛定定的,朴实得近乎拙讷,就像刚放下镢头从地头上走来的庄稼汉。1950年上海拍《农家乐》,他演一个老农民;汤晓丹导演的《胜利重逢》,他演了部队炊事员。完全不用化妆,换上一套服装便行了。1951年"三反"运动,剧团准备排一个反映铁路员工反腐蚀的活报剧,安排我去导演。正面主角是个老扳道工,就打算请他来演。他曾骑着那破自行车和我们一起去访问,可惜戏没排成,但我觉得他演那个角色是再合适没有了。

1952年文艺整风运动后,我们许多新区的演员都痛感自己身上旧意识、旧情趣太多,要锐意表现新社会、新人物,避免顽强地表现那陈旧的自我,就要使自己的思想感情来一番改造。为此,演员们纷纷下工厂参加民主改革,下农村参加"土改"。到1952年底,上影剧团组织了13个演员到抗美援朝前线去深入生活。战火是不长眼睛的,去的人都下了决心,流血牺牲,在所不惜。这13个人是:范正刚(队长)、金乃华、潘文展、冯喆、穆宏、史原、凌之浩、铁牛、仲星火、叶小珠、孙永平、王琪和我。有的演员因为没有得到参加的机会,还闹了情绪,狠狠向领导提了意见。出发前的告别会,就在万航渡路当时厂艺委会的小洋房内举行,气氛几乎是悲壮的,颇有些"风萧萧兮"的味道。

在北京等待出发的时候,我们住在北池子中国电影发行公司的集体宿舍里。每人发了志愿军的棉衣和皮靴。为了能适应到朝鲜后的艰苦环境,我们每个清早穿着棉衣和皮靴跑步,下雪天也照样坚持不误。初到朝鲜,住在志愿军政治部附近的山洞里。从洞口到睡觉的地方,有两三百米之遥。洞身很狭窄,只够放一张单人床,这样,13张床便头尾相接,在这里摆开了一字长蛇阵。洞里没有灯,只能用手电。好处是,睡觉时满眼漆漆黑,不知不觉便进入梦乡。如果当天晚上有敌机光临这山头进行轰炸,也得到第二天早上出洞后才听人说起。当然,不方便的是半夜解小便。大家谁也没有想到去找个便桶,只知道打着战爬出温暖的被窝,通通通地一直跑到洞口外去解决问题。

一天下午,政治部的文艺处长给我们介绍情况。他讲了一些志愿军英雄事迹后说:你们文艺工作者来这里,大都是事后采访。当我们的战士在坑道内饮尿吃雪,准备出击的时候,你们不在;当他们和敌人刺刀见红的时候,你们不在;当他们壮烈地倒下或欢呼胜利的时候,你们也不在。仅凭事后采访,你们能得到多少东西,能体验到多少战士们的真情实感呢!说这话时,这位处长神情严肃,声调激昂,使我们都低下了头,感到羞愧难当。附近,敌机在投弹,山谷中引起震人心扉的绵长回响。然而,在我们这小木屋中,却凝结着极为难耐的沉默。我们的心上,似有一块块巨石,沉甸甸地压着、压着……

那时,我们已搬到山坡上一个小洞中去了,周围积雪没膝,劈些松枝取暖,洞里便满是烟。这夜,我们开会了。第二天就准备分头下连队去了,我们团团围坐在用树枝扎成的大炕上,棉大衣裹着脚,谈着听那位处长讲话后的心情。范正刚也发表了他的意见。飘忽的烛光映着他方方的脸,他的眼神仍是那样定定的,朴实得近乎拙讷。但显然是由于激动,他的山东口音更浓了。他说:这次领导上派我当队长,我将尽力去做,如果能让大家都有收获,自己就是牺牲了也情愿。

一语竟成谶。

在那以后,我们13个人分头到一个团的几个连队中去,每连两个人。听说老范和金乃华是准备一起下到八连去的,金乃华临时腿上生了个大疖子,无法走动,老范便独自下到八连去了。当时,全团已准备向西海岸开拔,我和冯喆下到二连,没几天便和连队一起行军了。大雪纷飞,我们背着行李,在连队中步行经过一个城市又一个城市。实际上哪里还有城市的痕迹!到处一个弹坑连着一个弹坑,偶见几个儿童在大弹坑中溜冰玩耍。平壤也是一片瓦砾。我们走过平壤城郊,地面上仅有几根孤零零的木杆,上面缚着高音喇叭,在对着荒野播放雄壮的进行曲。除此之外,就只有零零落落地通到地面上来的短小烟囱,因为人们都在地下穴居了……行军的第二晚,我们二连在一些依山的窑洞里住下。夜半,我们被轰炸声和窗棂的震撼声惊醒了。睁开眼,窗上不停闪动着炫目的白光,远处传来的轰炸声像泼水一样,持续了很久很久。第二天清晨,指导员告诉我们,昨夜八连在一个小镇上宿营,遭到了敌机的轰炸,牺牲是惨重的!

那正是老范的连队!匆匆吃过早饭,我和冯喆转过几重山岭,向八连赶去。即将进入那小镇时,在烟烬中,几个朝鲜老人正在埋葬死尸,他们转头望着我们,脸上是木然的,毫无表情。镇内街道两旁,只余断墙残垣,还可以看见一个门槛上挂着一丝红绸。显然,那是一个妇女在逃出家门时被钩住扯碎的……我们终于来到陈放牺牲者尸体的现场。芦席卷住了他们的身体和头部,脚大都露在外面,已经冻成青紫色的了。一个高大的军官静默地站在那里,人们告诉我们他就是营教导员。他转过身来,脸色异常严峻,声音喑哑。他说:昨夜山后有特务打信号枪,不久敌机就赶来了,轰炸是"地毯式"的,连队都住在民房里,几乎无一幸免。当然,范正刚也遭到了不幸。在四连的凌之浩和仲星火来得早一些,已把老范的尸体认领去了。他的遗物,只有一只手表。

范正刚同志的遗体,后来由铁牛护送到丹东,就在烈士陵园安葬了。团部为牺牲的烈士们举行了隆重的追悼会。团政委说:在战斗之后,我们部队不能沉湎于悲哀,要迅速打扫好战场,继续前进,为死难者复仇。我们余下的12人决定立即从这里转赴"三八线"最前沿去……

范正刚家在农村,他父母早亡,大哥在抗战中牺牲,寡嫂把他抚养成人。参加部队后,他当过机枪手,后来才转入文工团。牺牲时32岁,未婚。能派人去交给他寡嫂的,只有那只手表,和留在上海的几件衣服了。

如果大家能有所收获,我就是牺牲了也情愿。三十多年过去了,他这句话,却时常在我心头盘旋不去。当然,与此同时,我也总似看见他那双淳朴、真挚得近乎拙讷的眼睛。

在我记忆中,还闪现过许多许多双眼睛。近年来,我越来越耽于回顾了。生活的道路那样漫长,真像是一条情感的河流,缓缓地前流。有时经过暗无天日的峡谷,有时经过阳光辉映的平原,有时细雨从天而降,有时支流汨汨而来,和你汇合,推动着你向前流淌。

流淌、流淌,却常常只是一味急促地向前流淌,声音变得那样单调、冷漠,忘记滋润你的大大小小的雨水,忘记和你汇合以至改变你航向的支流。忘记了没有他们,自己会枯竭、停滞,成为一潭死水……如今,我才突然感到,知交半为鬼,我已失去了那么多、那么多的朋友——充满善心和爱意的朋友!感到一种强烈的愧意和忧伤,我疲惫地躺下,眼前浮起更多的朋友的眼神,他们向我讲述着不同的故事。

我感到些许的安慰。我还没有完全失去关于他们的记忆……

永远的诱惑

江南初春,不到20岁的我在一所旧宅的甬道中行走。黑暗得不透一丝光亮,也没有任何声音。我知道墙角有蜘蛛、蚂蚁、壁虎、蝎子以及各种不知名的虫子,它们都是因为这里阴湿,已经长久没有人走过,而乐于在这里生存的。其实,我可以退回去。这是一条在几进楼屋旁边的一条长长的甬道,大概是先祖为了躲避兵燹而设计出来,以备有出乎意外的强人袭击或抢掠时,由这里最后一进的房屋悄悄掩入,奔向最前的一进以便逃向河边。或者,竟可以在这秘密的黑暗中躲藏,不喘气,不吭声,一直到入侵者满意地载着搜刮来的财物离去。这样,至少可以保全性命。现在,我却不想退,总想知道,这条似乎没有尽头的甬道究竟通向哪里。我是怀着孩童探幽的心情走进来的,我手中没有擎着陶瓷的油灯,也没有锡制的烛台。我满意于自己的勇敢,缓缓前行……也许,这甬道太长太长了,又那样伸手不见五指,角落里时常传来老鼠的"吱吱"叫声,一切是那样阴森,不知什么时候才可以到达先祖们逃向河边的小门……慢慢的,我开始厌倦于这样不仅无谓,而且有些吓人地在黑暗中的行走了。我想,也许就在甬道的中部,会出现一扇小门,可以让我从那儿走到外面的世界中去吧?因为我知道,在这座老宅屋宇的东面,就是一座小小的菜园。虽然已经荒废了,但是当我初到这老宅暂住的时候,我的表弟带我到那里去过。那里阳光灿烂,金黄的菜花散发着蜜样的香气;蝴蝶纷纷飘舞,有时飞到墙边那青翠竹丛中,就憩息在那挺拔的叶片上。记得我那驼背的表弟为了追捕它,在菜畦中跌了一跤,和我们一起去的小姑娘,看他两头不着地的狼狈相,还拍着手笑个不停……我摸索着墙壁继续前行,多么渴望能触到一扇可以通向那菜园的小门,早些离开这里,看见哪怕是极其耀眼的阳光……

顶灯的强光灭了。在摄影棚内,我正在浸润于所饰演的角色的情境中。有时,却突然想:其实,在自己人生旅途上,我不就是在各种情境中扮演着不同的角色吗?为什么又乐此不疲地去寻找别样的角色、别样的困难,去结识不同的灵魂,让自己总像在黑暗的甬道中摸索、行走呢?大概是不想生活得太孤独吧,大概想找到一些可以给自己温暖的灵魂吧,大概是总想和另外一个人携手走出那扇通向菜园走进阳光的小门,一起摆脱身上的寒冷吧。

周围是一片纷乱的声音。三号,两千,开!响起一个超越那嘈杂的喊声。我惊觉,回视,照明组的领班师傅正站在我身边。壮实、挺拔的身躯,正举着戴了线手套的手,仰头向灯架上的助手指挥着。刚刚随着他喊声亮起来的顶灯光芒正射在他脸上,给他镀上一层耀人的神色。尤其那双眼睛,专注,奕奕生辉……好久,我望着他,暂时忘掉去寻找角色的心境。

我听见令我感到异样温暖的抚慰的声音……一位歌者在学校的舞台上唱着亨德尔的《绿叶青葱》。那是我第一次听人唱那首歌。在几句简捷有力的宣叙调之后,慢板的钢琴伴奏引出了极其虔诚、纯净的抒情歌句:"从来没有……一片大树荫,有这样可爱和美丽……"这样的歌句以不同旋律接连重复三次,直到最后留下钢琴沉静的结束句。就在这沉静的结束中,我的呼吸感到那样调匀,仿佛刚刚接受过一次无法抵御的精神洗礼,歌者的清新,如同银色月光一样洁净的声音始终在我耳旁萦回不去。

我踏进大学后就曾每个星期一次和同学去排练亨德尔的合唱曲《弥赛亚》。然而,为什么眼前这位歌者所唱的《绿叶青葱》却给了我这样深沉的感受呢?它只是一种"宗教式"的感情吗?怎样的大树荫,能使人这样感到毕生难忘的"可爱和美丽"!大概是那时,我已太早地感到人世的可怕和生之疲倦吧,我在寻找着一片大树荫。在舒伯特的《菩提树》中,我不是同样感到了那家乡菩提树荫的慰藉力量吗？现在这首《绿叶青葱》，那几句宣叙调后展开的慢板抒情歌句，又是多么宽广、纯净、平和，像在崎岖山道几次扑跌之后忽然步入绿色的清凉田野；又像在寒冷、令人踯躅的黑暗甬道中忽然找到通向菜园的门。啊，阳光，阳光，那样柔和、温暖，竹叶青青！……亨德尔——歌者，我不知你们怎么能这样深的感受到一个旅人的渴求！

那是在冬天拂晓前的黑暗中，吉普车在北国山区向前疾驰。偶尔，我转过头去，望着我身旁的驾驶员。他的棉大衣松散地披在身侧，他没有戴帽，在对面车来时的灯光闪亮中，可以看见他短发下肌肤坚实的椭圆形的脸。他陪我们工作了一冬，却始终是默默的，很少作声。从来准时，从来不抱怨生活的艰辛、工作时间的过长。通过别人，我知道他是本地贫苦农民出身，从小在山上放羊，长大后参军，曾经在枪林弹雨中驰车……现在年过三十，有时会突然流露出孩子气的天真。一次，到古寺中游览，不见了他的踪影，却猛地见他坐在山寺中高处，拍着手，唱着歌，俯视着我们朗朗笑着……那样浑金璞玉般的朴素，那样惊人的纯洁。

一次，我听人说到他的不幸的婚姻，那是爹娘包办的。我似乎了解了他平素沉默的原因了……吉普车仍然在颠簸着向前疾驰，天已渐渐亮了起来，我望着他推着方向盘的手，有力、坚实。似乎他早已把不幸的情感生活甩在脑后，他专注地向前赶路的目光在告诉我，不管生活中出现多少不幸，他都将沉默地向前去。我再望向他紧握着方向盘的手,感到放心、幸福,有这样纯钢样的人在我周围。只是,对他们,我是了解得那样少,那样少……

也许是我天性太柔弱了吧。在家里,我是最小的一个孩子。父母并没有娇惯我,从小养成一种小心谨慎的习性。小学时,每到夏季,上课的时间改成清晨 6 时开始,到中午便放学归家了。每年到更改时间的日子,因为要比平常提前两小时起床,小小的心情便紧张起来,生怕误了时辰。我和母亲睡在一屋,往往一觉惊醒,望见窗上月色便以为是天亮了,又怕惊醒大人,便悄悄地穿衣起床,蹑手蹑脚,轻轻摸索着开门走到外屋去。一看座钟,却才不到凌晨 3 点,也不敢再进去了,便无声地坐在那里等到天蒙蒙亮。真是个胆小的傻孩童!也就因此,和比我大不了多少年纪的姐姐、哥哥相处,倒也从不撒娇,可以算个规规矩矩的乖孩子吧。但,说我毫无火性倒也不然。记得一次哥姐和我开玩笑,把我推到家门外,把门闩上不让我进去。我心急,大哭,门上是有玻璃的,伸出小小的拳头把玻璃一下打得粉碎,不管手上流着血,伸手拨开门闩便走了进去。哥姐都怔住了,纷纷跑过来为我拭泪擦手。真的,那小小心头却也还有着一座准备燃烧的火山呢!

可是在长大的那样的年代中,这火山上积压着另一座山样沉重的黑尘。胆小,又被世事蒙蔽了真知的我,只能在黑暗的甬道中行走。厌倦、悲伤,却又寻找着友谊,寻找着爱……直到有一天,那些勇敢无邪的人把向着阳光的门为我打开……

那天,在老解放区一个小县城里——那是我一生中初次来到那样一个北方的贫困而萧索的县城。(然而同去的人都和我一样,心头是多么热啊!)大约三十多岁的一位青年县长陪我们沿着街上走着。深蓝色的敝旧的人民装,深蓝色的棉帽,宽厚的身躯,讷于言,沉默地陪我们走进他的办公室。天快暗了,办公室的里间就是他的卧室。我们好奇地趱进去看看,年轻的解放区县长是怎样生活的?啊,炕上一领席子,叠着一床薄薄的棉被。另外,就是一张木椅,靠墙一只小书桌,桌上一只马蹄形闹钟。这就是卧室中全部家具了,这间暗暗的寒素的卧室像一首无言的诗,使我大为震动了。静下来想想,在这以前的生死决战的岁月中,多少人还在渴望这样的卧室啊!

这个地区是缺乏燃料的。人们习惯吃煎饼,便只能去拾一些干草放在平锅架子下面燃烧,尽可能乘着这火未熄之前,多烙出一张张用杂和谷粉烙成的薄饼,然后放在篮子内,挂在屋梁上作为多日的食粮。我是在访问一位地雷英雄时,在他简陋的屋内看到这景象的。作为访问者,我们受到村人特殊的礼遇,给我们现烙出热腾腾的薄饼,和着香香的小米粥做早点。就是这样刚烙就的、看起来软软的煎饼,我们这些江南来客嚼起来仍然很费力气。一位白面书生样的朋友用力地咀嚼,很难下咽,直到太阳穴上凸起一个大包,好似被谁重重打了一拳。这时,我们就想起那位地雷英雄房梁上挂的那只篮子。那些已烙出多少天的,一直被又干燥又冷的空气嘘着的煎饼,该是多么硬了啊。我们的英雄,历史的创造者,就这样,每天用酱油汤泡一泡作为饭食,作为他热量和力气的来源的!

在解放后头几年里,我经常见到这样一些"普通"人,他们为共和国的缔造献出青春和一切,却又生活得那样朴素而快乐。当然,我也为此而经常感到惭愧,为此而流泪。我有什么权利再那样柔弱下去!

那些平凡的默默无闻地工作着的人是强者,他们在浇灌盛开的生命的花朵,他们不断把爱的甘露向人世喷洒,他们用自己的力推动着历史的车轮。小城中年轻的县长,咽吞着硬冷煎饼的地雷英雄,千千万万生着的、死去的为信仰而奉献自己一切的强者……以至于在严冬中驰车的最最平凡的驾驶员,唱着亨德尔《绿叶青葱》的歌者,在摄影棚中指挥灯光的领班……你们曾经在甬道中摸索前行吗? 你们心中曾经多少次掀起感情的暴风雨? 你们的眼光为什么那样镇定,面容为什么那样平静? 你们心灵中的花朵是怎样开放的? 你们的精神世界中有什么在旋转、发光?

直到如今,对于曾经是一个柔弱孩童的我,这些都是一种强劲的,以至将是永远的诱惑。这样的永远的诱惑带给我永远的渴望,这样的永远的渴望带给我无尽的永远的青春。

我像重新看到了我自己:五六岁的我坐在北京家院中一片不大的草地上,张着双大眼睛,呆呆望着摄影机出神,却又似在望着空荡荡的天空,望着我还没有什么认识的多变的人世。我早已就企盼着结识那些强大的神祇,引我走出黑暗的甬道,进入镇定、宁静、充满阳光的境界。

如果没有宗江

生活中充满机遇,而有些机遇常常影响你一生的走向。

没有黄宗江,我大概是不会从事电影戏剧工作的。

1938年秋,我进北平燕京大学读书,和宗江在校园中邂逅,惊喜之下,两人到未名湖边的石船上聊了好久,谈得最多的是在崇德初中分手后的情况。其实,我们已是两分两聚了。在崇德小学同班读书时,我们便是好友,不久他举家迁青岛,便分开了好久。初中时他迁回北平,又回到崇德来读初中,初三时,他又迁往天津,入了南开中学。南开中学是有戏剧传统的,大家都知道,早如周总理,后如曹禺先生,就都曾在南开舞台上一显身手。宗江原是个"京剧迷",在崇德初中时他住校,常常和几个"戏迷"同学偷偷到广和楼去听夜戏。那时,富连成科班长年在广和楼演出,人才济济,戏码很硬,吸引了不少年轻"戏迷哥"。但我们学校规矩甚严,一到晚上就关上大门,不准住校学生进出。宗江尽兴回来,少不了就翻墙而进,在当时那老实听话的风气中,他真算是狂放不羁的了。到了南开中学,他找到了宜于发展他戏剧天才的土壤,也找到了不少志同道合的好友。因此,进燕京大学后,他便和张福骈等组织起燕京剧社。1938年冬,剧社在燕京大学贝公楼礼堂首演了三个独幕剧:由宗江主演的欧阳予倩编剧的《买卖》、张福骈主演的《红灯笼》、姚克安和方佩萱合演的丁西林的喜剧《压迫》。

这台戏,好像是我第一次看到的正正规规的舞台话剧。在初中读书时曾在北平中天电影院看过一次游艺会,节目中有话剧,是菊池宽的《父归》。只记得舞台上突然变得黑洞洞的,只是桌上闪着微弱的煤油灯光,那位不受欢迎的父亲,几乎看不清他的面孔,只听见他拉长着悲怆的语调……看惯了京戏的鲜亮舞台多姿多彩人物的我,对此感到不甚了了。再就是到了高中,话剧似也盛行一些了。学校办校庆联欢会,排演萧伯纳的《英雄与美人》,就在学校的操场上,靠着食堂的几扇窗户搭了个小小舞台。一扇窗上挂个窗帘,就作为"美人"居室的窗子;另一扇窗子就成了上下场的门,只是可惜门槛高了些,出场角色不得不"高抬贵腿"跨入跨出。当时学校没有女生,"美人"就由我同班的郭元同扮演(他后来果然在上海和宗江一起组班演戏了,艺名叫异方)。他披起一头长长的黄色假发,临时由英国老师给赶制的长袍箍着纤纤细腰。此刻"她"手拉着窗帷,听见门响猛然一回头。虽然观众都知道,"她"是个大近视眼,但仍然感到"她"秀媚可人,只有脸庞比一般姑娘嫌大了些,那上场来的英雄巧克力兵是前些年刚退休的驻英大使陈肇源扮演的。他画起浓浓的眉,深黑的眼眶,马裤马靴,从那"门"外一跃而入,果然英武不凡……可怜,当时的我也只能保留下这一点印象,对于萧翁作品的深义便毫无所觉了。

>>> 青年时代的黄宗江和上海的青年演员在一起。

如果没有黄宗江,孙道临大概是不会从事电影戏剧工作的。

使我真正动容的是1937年春天看到的《放下你的鞭子》，那是北平学联组织了一次大规模春游，我和几个同学迎着风沙踏车奔向香山。在香山脚下，学联主办了一次抗日救亡文艺演出。广场上满是人，有人爬到树上看。在女一中学生合唱了《打回老家去》之后，由崔嵬和张瑞芳合演的《放下你的鞭子》开场了。这两位极具魅力的演员以他们的真诚、激情感动了观众。一时，抗日救亡的口号和歌声伴着鼓荡的春风，扫过这古城外静寂的山乡……至今，在我耳旁，在那怒吼般的声浪中，还同时回响着张瑞芳唱着"高粱叶子青又青，九月十八来了日本兵"的声音。那样纤细，却又悲愤、颤抖……

直到我在燕大看到宗江演戏以前，这些就是我对话剧的全部印象了。和宗江在未名湖畔重逢之前，我是从未想到过会去演戏的。从高中起，我酷爱文艺，也试着写诗、写小说。高中毕业时，甚至想学高尔基，把社会当做自己的大学。由于姐姐的再三劝告，我才决定投考燕京大学。按校章第一年新生只分院不分系。因我在中学时就读了苏联列昂捷也夫的《政治经济学基础教程》等社会科学书籍，醉心马克思、列宁主义，知道经济是一切的基础，因此入学后，就准备第二年读经济系。但第一年读下来，知道学校内的经济系讲的俱是李嘉图和亚当·斯密，以及银行学等，与马克思、列宁主义完全无关，感到对不上号。当时又爱和同学谈论人生奥秘，并听说哲学系上课要求不那么严格，可以有更多更充分时间读自己喜爱的书，这样，第二年便转入文学院的哲学系了。

尽管如此,我从中学培养起来的对文学的爱好并未消减,我仍在不断地写诗、写散文。之所以没有入中文系或西语系,只不过当时认为文学可以更多靠自学,不一定专修罢了。至于将来到底以何为业,由于祖国局势危艰,自己的精神和生活都处于极端不安和动荡当中,对于自己的将来无心细想,有些糊里糊涂,大有兴之所至、随遇而安的样子。可以这样说,如果不面临选择的困难,我完全会走上写作的道路的。

就在这样的状态下,黄宗江来找我参加演戏了。那是1939年春天。燕京剧社准备排《雷雨》,宗江希望我演周冲。1934年,我在《文学季刊》上读到《雷雨》,感到有一种神秘的力量吸引着我。1938年进燕大后,我甚至模仿它的调子写了一个独幕剧《死之屋》,并且由我所参加的一个基督教小团体在校内演出过。当然,从内涵上说,它远不具有《雷雨》那样深沉的社会意蕴,而只是写了人的情欲所造成的盲目的悲剧。对于《雷雨》中周冲这个角色,我是很喜爱的。时常在无人之处,以同龄人的心情背诵第三幕中周冲对四凤所说的诗意盎然的台词:"当海风吹得有点腥、有点咸的时候……"然而,居然可能到舞台上去饰演这个角色,这是我从来未曾想到过的。当我走进张福骈的宿舍,面对着他和其他几位陌生的高年级同学,真是既激动又紧张。嘿,张福骈!这位又帅又漂亮,声音像沉钟,连宗江都很佩服的大学舞台明星!在他犀利的目光下,我手指不停地抓着桌面,声音却屡屡出现 falsetto(假嗓的高音),无法控制了。其结果之狼狈是可以想见的,还怎能取得参加排练的资格呢。

又是宗江的好意,希望我参加他们的工作,担任剧组的场记和剧务。

我的戏剧生涯就从这里开始了。

如果没有黄宗江,没有他和张福骈等人创办的燕京剧社,我可能至今还只是独自踯躅于斗室中,朗读一些名剧的片断以自娱。

金山引我上银幕

从初中起,我就是一个"影迷"。我们学校附近有两家二轮影院,东面是中央电影院,即现在北京音乐厅的所在。西面是绒线胡同西口的中天电影院。所以下午下了课,赶紧去抢着买个前排座位,花一两角钱就可神游那些新奇的境界。30年代初期的影片《故都春梦》、《渔光曲》、《迷途的羔羊》以及美国嘉宝、麦唐娜等主演的影片,至今记忆犹新……但是,说到自己踏入电影工作的缘由,却不免又要先来一句:"如果没有黄宗江……"

1941年12月8日,日本偷袭珍珠港,日美战争爆发。第二天早晨,日本宪兵就来封闭了美国教会办的燕京大学,我失学了,又不愿进敌伪办的大学去继续学业,就于1943年春在北平参加了唐槐秋办的中国旅行剧团，成为职业的舞台演员。1944年春，我离开中旅，参加了李伯龙等主办的上海国华剧社。该年秋又到北平南北剧社演戏直至抗战胜利。当时很想和几个志同道合的朋友办一个类似莫斯科小剧院或日本新筑地那样的小剧院，但深感腹笥空虚，而且办剧院又无经济条件，在抗战胜利后，燕京大学又迁回北平，因此决定返校再读两年书，充实一下自己再说。

哪知1947年夏从燕大毕业后，重返舞台已不那么容易了，幸而当年冬天，焦菊隐先生在北平组织了一个艺术馆，内设京剧队和话剧队，话剧队第一个戏就准备排黄宗江的新作《大团圆》。这出戏写北平一家人在抗战前离合悲欢的故事，黄宗江就介绍我参加，担任其中三哥的角色。在这个戏中，梁国璋演母亲、于是之演大哥、唐远之演二哥、史林演大嫂、许兰演二姐、朱嘉琛演王妈、杨雪明演表妹……导演是丁力，他也是我燕大的同学，和宗江同班读西语系。丁原名石增祚，解放后在上海人艺任导演，排了《四十年的愿望》等剧，很有才华，不幸于1953年因风湿性心脏病逝世。

《大团圆》于1948年春节在北平建国东堂演出，观众反应热烈。正好金山和张瑞芳由长春赴上海，经过北平，看了这个戏，颇为赞赏。当时金山正准备在上海创办清华影业公司，就立即邀请黄宗江、丁力、朱嘉琛、程述尧及我参加他的公司，而且第一部影片决定拍摄《大团圆》，就由丁力导演。

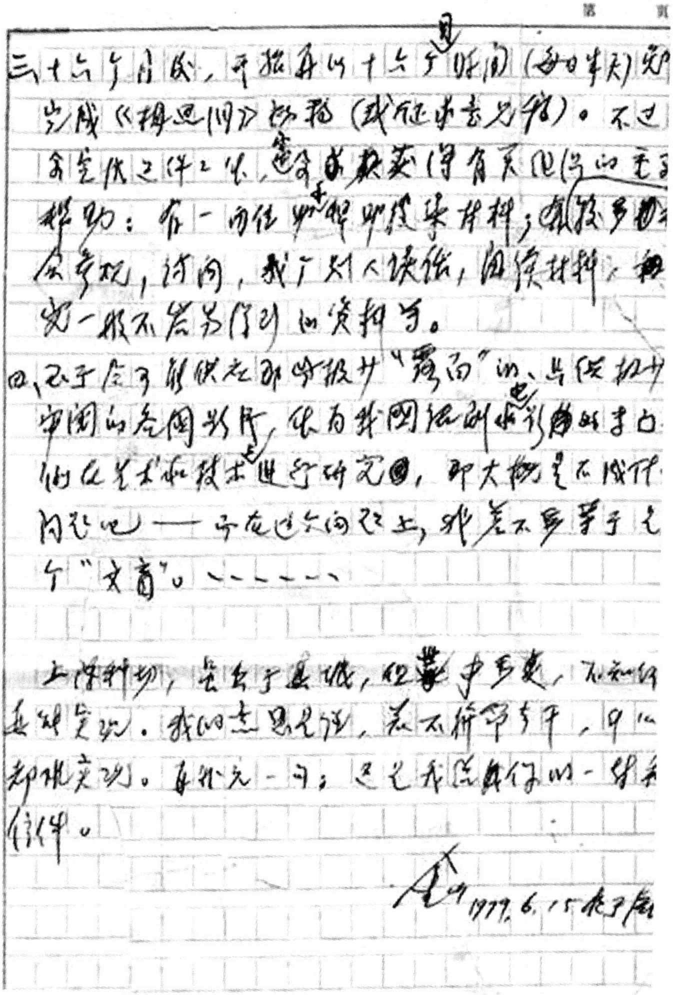

>>> 表演艺术家金山的手迹。

孙道临到上海后，和金山见了面，他觉得金山更像礼贤下士的实业家。

当时宗江正患肺病,躺在建国东堂楼上一间小屋内养病。探病者甚多,他的精神依然很活跃。由于在抗战期间他曾参加金山主持的中华剧艺社演出,彼此很熟悉,因此谈论我们参加清华公司的事进行得很顺利。我的一切都是由宗江代为说妥,直到签约前,我也没有机会和金山见面。

1948年5月,我便和丁力、程述尧等乘"霸王号"飞机飞往上海,踏入电影圈了。

金山和清华影业公司

对于金山,我是仰慕已久的。抗战前,他在影片《夜半歌声》中饰演的宋丹萍,《貂蝉》中饰演的吕布,都给了我难以磨灭的印象。当时感到他在当时影坛异军突起,是个艺术气息很浓的性格演员,没有那种陈腐的明星味道。而抗战后他所导演的《松花江上》,具有强烈的民族感情和气节,开阔雄浑,一扫当时影坛某些绮丽衰靡之风,更是为我和朋友们所乐道。

在我参加清华公司前,黄宗江告诉我,金山看了《大团圆》,对我们这班人颇为重视,还希望我在进清华公司后能多演些重头戏,至于我在《大团圆》中的表演,金山认为是展示了才情,然而还不够投入,有些"批判地演"的味道。当时,我只知演戏,不注重理论,所以听了这个评论还着实有些迷惑,想了良久,才似乎有些懂得。也就是在这以后,我才去找了郑君里翻译的《演员自我修养》等表演理论书,认真阅读,想一窥门径。

直到我离开北平赴上海前不久,才和金山见了面。他从一辆深蓝色的轿车中走下来,西装笔挺,气宇轩昂,给我的印象是:他更像一位礼贤下士的实业家。的确,这种感觉,在我到上海后,就更鲜明了。清华公司的成员主要有两部分,一部分是金山从长春带来的,还有一部分是未拍过电影的剧人。拍摄是租用斜土路电工厂,即现上海科教电影制片厂的北部。就在电工厂的斜对面,从一个小弄堂走进去数十米,金山建造起一个"清华村",供大部分工作人员及其家属居住,一共是四排房子,人口少的住小间,人口多或需要优遇一些的住大间。另外,还有公共食堂和浴室。从北平请来的魏鹤龄一家、长春来的张天赐一家,以及因拍《桃花江上》受伤的王人路一家……就都住在这里。我是单身,和程述尧一起住在最南端一排东首的小屋里。东窗外便是条石子小路,路东面是旷野地,不远处是个池塘,入夏蛙声一片,颇似田园风光。当时有一部分人住在市中心黄陂路九福里,我则宁愿住在这儿,更安静些,拍戏也方便。

在当时的上海,租一间亭子间需要约10两黄金的租费。因此,作为一个私营电影公司的主持人,能造起这样一个居住点,安顿他的职工,应该说是很有气魄的啦!

清华公司的打炮戏,即是由黄宗江改编的他的话剧《大团圆》。在这部影片中,除了卫禹平、吴茵、韦伟、蓝马、石羽等影坛上已很知名的演员外，金山还起用了不少未登银幕的舞台演员，如路曦、凌珺如、李浣青、叶子、朱嘉琛、程述尧和我等人。导演丁力、摄影师冯四知也都是第一次拍片（冯四知于1950年在张骏祥导演的《翠岗红旗》影片中担任摄影，获得了国际电影节的最佳摄影奖）。《大团圆》是一部群戏，没有什么离奇情节，"契诃夫味道"很浓。金山敢于以这部戏作为开门第一炮，并雇用这么多新人，更足见他艺术事业家的胆识和气魄。

在《大团圆》问世后，金山又推上两部影片：一部是陈白尘根据他的舞台剧《群魔乱舞》改编的《魔窟》，徐昌霖导演，石羽、蓝马、上官云珠、章曼萍等主演；另一部是根据碧野小说改编的《飞红巾》，吴永刚导演，男主角是当时的红星韩非，女主角则起用新人莽依萍，她形象泼辣艳丽，从对她的安排，也可见金山的胆识。可惜此片于1949年春在北平拍外景，只拍了少数镜头，就因北平面临解放，形势紧张，摄制组全部撤回上海，影片未能继续拍摄。

北平解放后，作为地下党员，金山即以顾问身份参加了和平谈判代表团到北平去了。当时的清华影业公司，一则因时局变化拍片困难，二来也因金山走后难以维持，不久就宣告解散。由投资人每人发给四个月工资，作为遣散费。上海解放后几个月，这些人基本上都加入了上海电影制片厂。

从金山解放后在北京和吴雪等共同创办青年艺术剧院，以及后来主持中央戏剧学院等作为看来，都使我感到，他不仅是个极有魅力的艺术家,同时也是个有气魄的艺术事业家。在我们的电影戏剧界,这样的人才是难得的!

我的朋友舒伯特

中等身材,一头长长的卷发,一副老式的圆眼镜,走起路来不慌不忙。说他漂亮,算不上,只是显得那么温和,好性情,与世无争,只管沉浸在他自己那充满音符的世界里。

1942年,我在北京看了一部叫做"未完成的交响乐"的德国影片,写的是奥地利作曲家舒伯特(Franz Schubert)的故事。前面所形容的就是影片中这位音乐家给我的总体印象。关于他是怎样创作《未完成的交响乐》这部作品,他个人的其他经历,我就已完全淡忘了。只有一个诗意的场景我还能记得:他披着黑色斗篷坐在菩提树下,风吹着他的头发,在我耳边响起我所熟悉的《菩提树》(*Der Lindenbaum*)的歌声:

在门前水井旁边,

有一棵菩提树。

在它那浓荫下面,

我做过无数甜梦。

我曾在那树皮上面,

刻下无数爱的语句,

无论快乐或者忧愁,

我都到那里去流连。

今天我必须流浪,

一直走到深夜,

在沉沉的黑暗中,

闭上我的双眼。

他那树枝轻轻摇动,

像在把我呼唤:

来吧,到我这里来吧,

这里可以找到安宁……

很抱歉,我不能不抄下这么多歌词,因为它勾画出了我看那部影片时的处境和心情。1942年,北平被日本侵略军占领期间,我在那里度着极灰暗的日子。只有20岁的我,原应是充满理想、美梦和创造的欢乐的。但是,生活中一次次重大的打击使我迷惑了,感到命运多蹇,家庭经济又极困难。我精神混乱,不知今后该走上哪条道路。我多么希望世间有那样一棵菩提树,在沉沉黑夜中,我可坐在那下,闭上我的双眼,寻求安宁。就是在那样的情况下,我接受父亲的劝告,独自去养羊,以此糊口。

然而,我终于没法那样生活下去,一年之后,我开始了职业演剧的生活,在舞台上光影啼笑之中取得精神的慰藉。与此同时,我想,既然已经成为职业演员,就必须兼学其他艺术门类。

我用仅有的微薄收入加上朋友的热情帮助,找了一个白俄老师学钢琴。自己没有琴,就每天骑车到同学家去练习。后来又找了一个白俄老师学芭蕾舞、一个德国女老师学唱。

这位德国女老师叫鲍尔太太。我以前曾在北京饭店听她的独唱音乐会。给我印象最深的是她所唱的《春之梦》。和《菩提树》一样,这支曲子也是选自舒伯特诗集《冬之旅》的。它写一个流浪者在冬天逆旅中梦见花开如锦的春天,然后独自在寒夜中醒来,只听见乌鸦在高处啼着。"啊,是谁在窗口画了那么多枯叶?它是做什么?哦,它是在笑我这做梦者,在冬天里看见了春天的花,在冬天里看见了春天的花!"

那冷雨滴般的钢琴伴奏,那凄清、委婉,在凝寒中向往温情的歌声,使我像歌中流浪者一样,"重又闭上我的双眼,感到自己温暖的心的悸动"。啊,生活中不乏和我一样不甘于孤寂的人!舒伯特,你逝去一个世纪有余了,但你仍然可以是我的好友!你的感情与我有所相通,你给我这么多精神上的共鸣,这么多人间的暖意!

那以后不久,我开始和这位在德国史图特加特音乐学院专攻过声乐的鲍尔太太学习歌唱了。在这以前,在燕京大学读书时,我曾和一位美国教授学唱,后来又从一位白俄教师学了一阵,似乎也懂得了一点怎样用气、怎样放松喉头,但鲍尔太太听了我试唱之后,那眼镜片后面的蓝灰色眼珠翻了翻,就叫我从最基本的练习开始了。她教我一边做一套柔软操般的动作,一边发出假声。嘘!不许用真声,要发出像女高声那样"曼妙"的声音,真是我无论如何也不能明白的。今后就这样用女人的声音去唱歌?我问她。她冷冷地点头表示:是这样。一边继续在琴键上滚动着手指,示意我做下去……

终于,半年之后,她让我用真声唱练习曲了,而且开始给我歌子唱。第一支歌,天啊,就是舒伯特的歌集《磨坊美女》中的《疑问》(Der Neugierege)。接下去《何往》(wohin),还是《磨坊美女》中的。这时,我才明白这位蓝灰眼睛夫人的计策。让我唱假声,是为了让我放松,不要逼紧喉咙嘶喊。但是,说实话,《磨坊美女》中的这些歌虽活泼、让人如听见溪水漂流的快乐的琤琮声,对我,却没有多大吸引力,而且很难唱。倒不如练一下意大利那坡里民歌,更是舒展开阔,一舒胸中郁闷。

不久,鲍尔太太允许我自己选择歌曲了,还赠给我《冬之旅》和《磨坊美女》这两本歌集。好,我就接二连三地选择《冬之旅》中的歌子了:《菩提树》、《春之梦》(Frtihlingstraum)、《泪洪》(Wasserfluth)、《乌鸦》(Die Krahe)……

> 一只乌鸦陪伴着我,
> 跟随我飞出城市,
> 它一直在盘旋,
> 在我头上盘旋不去!
> 乌鸦,你奇怪的鸟,
> 为什么你不放开我?

难道你想攫取我的身体来充饥?

我不再向前走去,

不再使用我的手杖,

乌鸦,请忠实地跟随,

一直到我的坟墓!

何等的绝望、悲凉!我唱着,唱着,在唱到"乌鸦,你奇怪的鸟,为什么不放开我"时,感到自己是在向黑暗的命运挣扎!鲍尔太太给我弹着伴奏,不时透过她的眼镜来打量着我,露出诧异的神色。当我唱完最后一句,鲍尔太太放下琴盖,轻轻说了一句:好,声音像大提琴。但是,她的神情却并不是那样愉快。

后来,我又选唱了《路标》(Der Wegweiser)。它里面有这样的句子:"我没有做过对不起人的事,为什么要躲避开世上的人?什么样愚蠢的念头,使我陷入永久的空虚?……我只能走上一条道路,从那条路上没有人再回来……"那旋律,一直在低音区的 F 到高音区的 E_b 中徘徊,好像这个铅样天空下的流浪者疲惫地迈着步子,已经没有多少力气,更没有什么多余的希望和梦想了。旋律那样平塌,只有在"我无休止地向前跋涉,没有路却寻找着路"那一句上,在"寻找"和"却"这样的字上出现三次高音区的 G_b。啊,G_b。寻找,像生命之火将熄灭前的最后一次挣扎,向没顶的乌云做最后一次冲击!

我也不知道,为什么唱这首歌时竟会这样投入。舒伯特,你的心声成了我的心声!歌结束了,伴奏的最后一个黯淡和声也悄然停止了。鲍尔太太低头望着键盘,片刻,她抬起头凝视着我,轻轻问:为什么,为什么你喜欢唱这样的歌?我没有回答,只勉强笑了笑,她叹口气,摇摇头,把琴盖放了下来。显然,她不能理解,眼前这个只有21岁的青年人,竟会有这么沉重的悲哀!是啊,就算你把舒伯特认做你的好友,他欢乐的歌曲多的是。《磨坊美女》中那支《何往》,一样是流浪者之歌,一样是不太宽阔的音域,和着潺潺洪水般的钢琴伴奏,却那么舒畅、快乐、充满生趣,以至于要小溪"停止歌唱吧,我的朋友,停止流淌吧,只顾欢乐地向前流浪吧。在每一条清澈的小溪旁,都有磨坊水车在转动……"在这集子中,即使是不那么轻快的《疑问》和《焦躁》(*Ungeduld*),一个舒缓,一个急切,却同样是充满爱的震颤、生命的力。这,也同样是舒伯特啊!

朋友,朋友,我知道,你既然把自己叫做一个流浪者,但你并不是一直像寒冬一样沉重啊!30年代初期,当我还在初中读书时,就开始认识了你。那是从当时出版的一些歌集上,有几位像钱歌川那样的翻译家,译出了一些欧洲作家的歌词,像德国人家喻户晓的《罗勒莱》,舒伯特的《小夜曲》、《魔王》、《野玫瑰》以及古诺(Gounod)的《小夜曲》……

同样的小夜曲,舒伯特和古诺是那样不同,一个像月夜那样清凉幽静,另一个像黄昏的霞彩那样华美绚丽。就在那时,我看到一部由女高音歌唱家葛雷斯摩尔(Grace Moore)主演的美国影片《金缕曲》。在那部影片中她唱了舒伯特的《小夜曲》,画面上出现的是月光下的凉台,葛雷斯摩尔倚在纯白色圆柱上。面对庭园中一片婆娑树影,月光投在她的脸上,她穿着长长的白色衣裙,前额也用白色丝巾包住,显得那样圣洁、安详。"让我的歌声,穿过夜色,轻轻飞向你,在这静静的小树林里,爱人;请你来吧。树梢摇曳轻轻私语,在那月光下,在那月光下。没有人来打扰我们,亲爱的别害怕,亲爱的别害怕。"那银色的、汩汩清泉般的歌声,使我进入一个纯净的世界中,那里满是真诚的温柔的爱,满是超脱一切世俗烟火气的灵魂震颤。虽然,当时只有十二三岁的我,还不知道恋爱的滋味,却已朦胧地感觉到,爱情应是如此洁雅、纯真。

想起来,我真得感谢 30 年代初那些在音乐上为我们启蒙的前辈们。不管是在学校上课时,隔壁传来的音乐老师用风琴为同学伴奏着《我的太阳》;或是中学歌咏比赛时人们唱的,用德沃夏克《新世界交响乐》中的旋律,填以中文歌词的合唱曲《念故乡》,以至在《一万零一首世界名曲》中学得的《家乡的老人》、《肯塔基老家》、《可爱的家庭》、《我的心呀在高原》……他们都和舒伯特、古诺、门德尔松的歌曲一起,洗涤着我的心,给我一种纯真的情感教育。啊,世界可以这样和谐、美好,充满人与人之间的深情。那一阕阕柔抚心弦的歌,为我的青少年岁月,编织起轻纱般的梦……

进入高中以后,抗日救亡的洪流冲击着每个青年人的心。面对严酷的现实,原来的梦境一下消失了。"工农兵学商,一齐来救亡,拿起我们的武器刀枪,走出工厂田庄课堂,到前线去吧,走上民族解放的战场!"救亡歌声高扬,我们到北京市郊农村去宣传,我们在春风荡漾中到香山去参加抗日学生大联欢,我们一起高歌《五月的鲜花》、《牺牲已到最后关头》、《起来,不愿做奴隶的人们!》……在我们心头,震荡着时代最强音。但不久,卢沟桥的炮火轰鸣,硝烟在国土上弥漫。热血沸腾的朋友们大都离开北京,而我却暂留在这沦陷了的古城,噩运很快地、一次再次地降临到我头上。我虽然还年轻,只有十七八岁,但是两三年内,我的感情变得越来越苍老了。这样,如同在前面所说的那样,我从舒伯特的歌集中选择了《冬之旅》,又从《冬之旅》中选择了最灰暗最灰暗的《乌鸦》、《路标》。它们原是舒伯特情绪最压抑时期的作品,我却正好从中获得了很大的精神慰安。

在这以后的七八年间,虽然我成了一个职业的舞台演员,但舒伯特的歌一直陪伴着我,使我感到自己并不过分孤独。使我知道,生活原不可能是一场绯红色的梦,许多人都同样,不时要在悲伤苦闷中挣扎,寻求着自己的路。

1948年我来到上海,从事电影工作。这时的国家,正面临着一场关系着每个人命运的大转机。旧的势力垂危了,新的革命力量正以磅礴之势洗刷着这块大陆上的污泥浊水。这时候,我在广播里听到了这样一首歌:

> 那温柔的春风已苏醒,
>
> 它轻轻地吹,日夜不停,

>它忙碌地到处创造,到处创造。
>
>空气清新,大地欢腾,
>
>可怜的心啊,别烦恼,
>
>天地间万物,正在变化,
>
>天地间万物,正在变化!

那女高音唱得如此流畅清朗,谁是歌曲的作者呢?也是舒伯特?为什么我以前从没注意到这首歌,没注意到这样快乐的,比《磨坊美女》中传出的流浪者的心声更充满生命律动和乐观期望的歌呢?舒伯特,这首《春天的信念》(*Frühlings glaube*)使我又发现了新的你。我又想起了你的《圣母颂》:"圣洁的母亲,当我们在岩石上沉睡,有你来保护我们,硬的岩石也会变得柔软。在梦里我看见你微笑,我仿佛闻到玫瑰芳香……"那女高音的透明的歌声一再在我耳旁萦回,这?也是舒伯特!这也是你对生活发出的信念啊!它已经远远不只是一支宗教歌曲了。"圣母",对许多人来说,已经是一种力量的象征。人们从她天使般的面庞上找到自己憧憬的无瑕的爱,无畏的坚贞。感受到,以虔诚的心和最大的勇气去追求这样的精神境界,是人应具有的最高理念。本着这样的理念做去,"世界上一切鬼怪妖精,纷纷逃走无踪影,我们再也不会受欺凌"(《圣母颂》中句)。

是的,这当然是一种天真的想法。然而,他又曾给了多少人以生活的安慰和挣扎的勇气啊。在他的乐曲里,舒伯特注入了这样的感受,同时也把自己从世俗的烦扰中解脱出来,得到勇气和安慰,无怪在他谱出的《给音乐》(An Musik)中有这样的词句:"哦,仁慈的艺术,多少灰暗的时刻,生活的狂暴的轨道困扰着我,而你以温暖的爱点燃我的心,使我神往于一个更美的世界……"可以说,对于舒伯特,艺术不是一个遁逃薮,艺术使他摆脱当时梅特涅专制带来的窒息和贫困,创造出一个光明纯净的精神王国,每一个人都可以到那里遨游,去洗却身上的尘土,从而变得更清醒,更愿意具有崇高的情操。

舒伯特,你处在那样一个悲惨的时代,但是你仍然热爱人们所蔑视的"流浪生活",唱着歌,向遥远的地方前行……

一直到"文革"后,我有机会参加一部反映你的生活的广播剧的录制的时候,才对你有了更多的了解。我开始知道你如何在穷困潦倒中,始终像忘掉生活的重压一样,以飞快的速度创作出快乐的歌曲。我知道了,你如何因为没有钱缝制礼服,因而在演奏时受到庸俗贵人们的嘲笑,感受到多么难以忍受的屈辱。我知道了,你对当时的封建复辟是多么不满;我也知道了,你在一种多么复杂的情绪中挣扎着。广播剧为舒伯特设计了这样的自白:"我长年、长年地唱着歌,我也长年地感到巨大的痛苦和深沉的爱在撕裂着我。当我歌唱爱的时候,爱对我成了痛苦,当我想歌唱痛苦的时候,痛苦对我又成了爱。"我相信,尝够生活辛酸的舒伯特完全可能说出这样的话,痛苦和爱,对于一个在不幸时代中又不断遭遇不幸,却又良知未泯的人,真是一对孪生姐妹。对于他,没有爱,也就没有痛苦,没有痛苦也就产生不出深沉的,爆发出对自由幸福的渴望火花的作品。最后,我也知道了,虽然他也曾尝到些微成功的喜悦,他的部分作品的演奏受到了热烈的欢迎,但半年多后,他就与世长辞了。而歌集《冬之旅》,就是他在尝到那次成功的喜悦前,在极端困扰中写出的一部作品。和《磨坊美女》一样,他的乐调同样流自他的心田。但,如果说1823年谱成的《磨坊美女》,还多少表达了他当时的天真和喜悦,1827年的《冬之旅》,则是他备受生活煎熬后的沉重的心声了。他曾经有一段话表达出这样的心境:"现在已经不是我们觉得每一件事物都具有青春气息的那个幸福的时候了。来代替他的,是对悲惨现实的不幸的默认,幸而我还在尽可能地用我的想象力来装饰这个现实。"

《冬之旅》中的《摇琴手》(*Der Leiermann*)那首歌,描写村庄尽头一个老艺人,光着双脚站在田地上,盘里没有分文,却不停地摇着琴。没有人来听他、看他,只有恶狗来追赶他,他却不失望、不灰心,仍然不停地摇着他那八音琴。在狭窄音域中盘旋的歌句,单调、苍凉,不能不使我感到:老艺人,盘内没有分文的乞讨者,就是那时的他自己的写照。

难道他甘心把自己当做一个无助的乞讨者!这是多么辛酸的比喻!也许因为正像李白一样,不肯"摧眉折腰事权贵",不肯向豪门乞怜,我们的舒伯特才沦入这样的命运吧。然而,尽管没有人来听他,只有恶狗来赶他,他却仍然不断地摇着他的八音琴。啊,顽固而坚硬得像岩石一般的舒伯特,摇琴手,还不到32

岁的你,就在贫困潦倒中死去。你留下了九部交响乐,还有室内乐、大合唱等众多的作品。你所写的五百多首歌曲,不但是一个艺术家在种种重压和厄运下闪烁着美好人性光彩的乐声,而且也为欧洲的歌曲创作开辟了一个崭新的境界。我没有能力去论述你在音乐上的成就,但年轻的我,曾经在许多噩梦般遭遇中,从你那里得到生的力量、美的向往。步入中年和老年的我,对你的了解增多了,虽然和你当时所处的境遇大不相同了,但是,你那种"摇琴手"的精神,仍可以悬为明镜,经常照一照我自己的形象:作为一个从事艺术的人,究竟是做一个这样的老艺人,还是去媚世随俗,把艺术只当做取悦于人的商品,好让自己口袋里装满金钱!

现在,我耳边又回响起你的《未完成交响乐》中的旋律,那是我在大学时代就已熟悉的。多少年来它经常在我心中回旋不去。它好像在述说,你如何在悲剧生涯中徘徊、挣扎,带着无穷的向往和苦涩的无奈。"未完成"!这不只是这首交响乐的命运,也是你一生的命运。你这具备太多的情感、太多的才华、太强大的青春力量的音乐家,还没有来得及留给我们更多的歌、更多的撼人心弦的乐章就和我们永远告别了。人们在你的墓碑上刻下这样的字句:"死亡在这里埋葬了丰富的宝藏,也埋葬了更加美好的希望。"

写到这里,我无限辛酸!舒伯特,我的朋友,你的生命固然是那样短促,但是,对于许多天才艺术家来说,即使能活到七八十岁,生命也是同样太短促了啊!

>>> 1937年,孙道临与二姐一起练习唱歌。

何况,在他们一生中,又会有多少才能、多少梦想,像宝贵的矿藏一样被埋葬、被忽视、被遗忘? 世界上有多少艺术家,怀着他们"未完成"的美丽意念长眠在地下啊。

然而,舒伯特,伴我度过青年、中年和老年的好朋友,让我们不要想得那么多,那么远吧。也应该说,你仍然是幸福的,你虽然英年早逝,但你仍把你美好的青春留给了我们。我们将记得你的酸楚,也同样记得你的爱,你的希望,你的关于春天的信念和勇气。

> 如果雪片飞向我脸上,
>
> 我把它甩掉。
>
> 让我的心去说话,
>
> 我快乐地高声唱。
>
> 我没有听见它在说什么,
>
> 我不去注意它,
>
> 不去理解它的抱怨,
>
> 抱怨的人是傻瓜。
>
> 快乐地走向世界吧,
>
> 面对狂风和恶劣的天气。
>
> 如果世上没有上帝,
>
> 那么我们自己就是神祇![1]

---

[1] 选自《冬之旅》中的另一首歌《勇气》(Muth)。

第二部分

孙道临自述

汤晓丹印象

看过《南征北战》、《渡江侦察记》、《红日》等影片的人,都会感受到其中的战斗场面是多么火爆泼辣,壮阔激烈,因而会想,这几部片子的导演汤晓丹的性格也许是这样的。但是,恰恰相反,他说话的声音轻、柔、缓慢,不时悠悠摆着头,性格出奇的温和。和他在一起工作,再急躁的性子也会静下来。你会感到,如果对这样的人发脾气,那简直是一种罪过。

我曾在汤晓丹导演的《渡江侦察记》和《不夜城》中担任角色,这两部影片分量都很重,工作繁难。然而老汤却总是"笃坦",不慌不忙地往前走,不着急也不叫苦,以身作则,领着摄制组圆满完成任务。那平和的性子、那耐心,不禁使人想起"俯首甘为孺子牛"这样的句子。

在解放前,他就已导演过四十多部影片,其中像《天堂春梦》,就曾博得广泛的赞誉,这部影片以犀利的笔描写了国统区人民的痛苦生活,抨击了官僚资本的黑暗,是一部有深度的现实主义力作。解放后他加入了上影,当时许多导演和演员在一起学习,他和我编在一个小组,在几个月的相处中,我发现这位大导演态度非常谦和。听别人发言时聚精会神,悠悠摇着头,显得那样兴味盎然,还时时用心做着笔记,完全是从头学起的神情。他解放后导演的第一部影片《胜利重逢》(1950年),无论是描绘一个解放军战士的成长,或是在对部队和农村生活的展示上,都显得那样从容不迫,妥帖真实,并没有使人感到创作者和他所表现的生活有多少距离。当时,作为从旧社会过来的文艺工作者,对于表现新生活特别是工农兵生活,是感到很艰难的。但看了这部片子,确曾巩固了我表现新生活的勇气和信心,认识到生活上的距离是可以通过自己的诚挚努力来逾越的,不要望而却步。

解放初几年,斯坦尼斯拉夫斯基体系几乎成了电影戏剧界创作人员必修的课目,老汤在这方面也学得极为认真,他破格为翻译片组导演了苏联拍摄的阐述这个体系的纪录片。1952年他为上影演员剧团导演了话剧《英雄的阵地》,1953年开始拍摄《渡江侦察记》,他都严谨地运用这一体系的理论来指导创作实践。他特别重视演员的生活积累和生活实感。1953年冬,《渡江侦察记》摄制组成立,做了初步案头工作后,即请副导演葛鑫同志率领我们几个演侦察员的到海岛侦察连去深入生活,同侦察兵们同吃、同住、同活动、交朋友、谈心。在排练和拍摄阶段,他又请了当年渡江侦察的华东一级人民英雄慕恩荣和英雄连长高锦堂来做顾问,两位参谋来辅导。他们带我们出操,演习侦察活动,讲故事,分析人物的心理活动……尽量使我们像侦察兵一样地去生活,去理解和体验人物的思想感情。在拍摄行军、战斗等场面时,老汤又无时不征求顾问们的意见,据此以选定拍摄的最佳方案……

>>> 孙道临主演的《不夜城》剧照。

他非常重视排练工作,把它当做演员探索如何体验和体现角色的一个重要步骤,对于怎样进行电影排练,当时我们并无经验。所以几乎影片中的每一段戏都是经过反复排练的,甚至像李连长和刘四姐在山路上边走边谈的场面也没有放过。照例,在总排的时候,是要请导演和厂艺委会主任来审查的,李连长和刘四姐边走边说,只能到场地上去排练。我和刘四姐一边向前走,老汤和其他审查的同志就面对我们,一边向后退一边聚精会神地观看,今天想来,那情景真是有些滑稽的,但又不能不承认,当时那种认真严肃的精神,又是那么难能可贵。

陈西禾和《家》

影片《家》是1956年由上海电影制片厂拍摄的。如果我记得不错的话,它恐怕还是解放后上影厂第一部根据"五四"以来的名著拍成的影片。改编者是陈西禾,导演是陈西禾和叶明。我在这部影片中担任了高觉新这个角色。

和西禾同志合作,这是第二次了。第一次是在1952年。当时上海影剧界为了欢迎苏联红旗歌舞团访华,组织大家排练了果戈理的喜剧《婚事》,由西禾同志导演。我担任了剧中那个对婚事采取"叶公好龙"的态度,临到举行婚礼前竟跳出楼窗逃之夭夭的角色。那时,我对西禾同志仰慕已久。在1941年我就拜读过他以林柯为笔名发表的话剧《沉渊》，而且经常听影剧圈里的人盛赞他在文艺方面的高超修养，在创作态度上更是一丝不苟，苦思苦吟，大有"语不惊人死不休"之概。也许正因为这，他问世的作品不多。1950年，他为文华公司编剧并和叶明同志联合导演的《姊姊妹妹站起来》，写解放后烟花女子翻身的故事，曾引起不小的轰动。加入上影后，曾导演了独幕话剧《妇女代表》，后来把此剧改编为电影并担任了该片导演。这以后《家》的改编和导演，是他的力作之一。

那时我刚刚完成《渡江侦察记》、《南岛风云》这样的反映革命战争的影片，颇以能饰演革命军人为荣，很想接连多拍几部这样的戏，在部队人物的创造上多下下功夫，接到《家》的剧本，是颇感意外的，开始时甚至有些排拒心理。但读了剧本后，我却深深被它吸引了，有什么比面临一个迷人的角色更兴奋的事呢！何况，剧本提炼了原小说中的精髓，觉新、瑞珏、梅、觉慧及鸣凤等几个主要人物形象都很鲜明；高老太爷、冯乐山、三伯、五叔、陈姨太等人物，虽然着墨不多，却都颇具魅力。一部数十万字的长篇，浓缩成这样一部不到五万字的剧本，能够这样凝练、传神、有戏，足见改编者的深厚功力。

西禾和叶明都很重视和演员的合作，在共同详细讨论了剧本后，又用了一个月时间反复排练，边排边议，并在进入拍摄前又对分镜头本做进一步加工。西禾同志是特别重视风格上的含蓄、真实的。当时在我们演员中有一个想法，认为这部戏应拍得华丽一些,无论布景、服装、道具都可以斑斓多彩。但西禾并不为之所动,他坚持要再现20世纪初成都古老的封建大家庭的生活气息。在摄影棚内搭起的高家四合院没有雕梁画栋,色调是郁闷的,线条是显得单调的。屋中很多戏发生在冬天,女演员就照实穿上了薄棉袄,并不因要显示她们苗条的身段而牺牲这些戏所应传达出的季节和沉重感。

当时,我觉得这部戏拍得太素淡,不够浓烈。但很奇怪,事过24年,当我在"文革"以后重看这部影片时,却觉得它真实地、恰如其分地再现了20世纪初封建大家庭的没落,因而使剧中人的命运更加牵动人心。这部影片在"文革"后重映,却赢得了比1956年初映时更热烈的反应,这说明它是经受住了时间的考验,同时也说明两位导演所坚持的创作见解的价值。

无论在排练或拍摄每一个镜头的时候,西禾同志都似乎和我们演员一样的用力、进戏,特别是那些悲苦的镜头,有时拍过之后,你还可以看见他脸上笼罩着凄怆的神情。当时大家合作得很融洽,平时不免相互开玩笑。由于觉新经常悲伤流泪,大家便戏称我为名诗人"孙大雨";而演觉慧的张辉,一见觉新泪如雨下,便愤愤然责怪大哥软弱,因之博得了"张恨水"的雅号;至于西禾同志,由于他在看我们演戏时所流露的那种凄苦神情,便被封为名戏剧家"陈大悲"。在进行创作讨论时,对于他所不能同意的意见,西禾并不马上表示反对,而总是说"考虑考虑,考虑考虑"。日久天长,便被我们谑称为"考虑博士",他也不以为忤。实质上,这个名字倒也正道出了他在艺术上一丝不苟、锲而不舍的作风。

>>> 孙道临与张瑞芳主演的电影《家》剧照。

多年过去了，西禾同志已因病作古，他温和的性格、高尚的艺术趣味和苦吟精神却像一股潜流，不时地在我心底时时激起涟漪。

为什么他永不消逝

《永不消逝的电波》拍摄散记

八一电影制片厂的导演王苹同志来沪，请厂里交来《永不消逝的电波》电影剧本，约我饰演剧中的李侠。记得当时文学剧本的开始，是李侠夜间在延安窑洞中的发报。洞外雷鸣电闪，那强光使得李侠的脸部越发明亮。这个印象——闪电亮光中的李侠——在合上剧本之后，就愈加强烈了。

我怀着很大的激情投入创作。

剧本是由黄钢、杜印、东强三位作家根据解放前上海一些地下情报员的真实事迹，加以集中，编写而成的。其中，最主要是根据李白烈士的事迹。在上海外景开始拍摄之前，王苹同志和我们一起参观了李白烈士生前居住、工作以及被监禁的地方，并探望了烈士的夫人裘慧英同志。她非常热情地接待了我们，并给我们做了报告，叙述了李白烈士的一生。

李白是湖南人，15岁就参加了红军，长征时开始做报务工作。到上海参加地下斗争的十几年中，每天夜里，他都在小阁楼上坚持发出情报，为了避免敌人察觉，即使是在最炎热的夏天，他也要把窗户用棉被遮得严严的，不让它透出一丝光亮。发报是一上机就不能停手的，工作结束之后，他所坐的椅子上，经常是一大摊汗水。上海解放前夕，他白天到复兴岛上去修理无线电，作为掩护性的社会职业。晚上回到家，略事休息之后，就到阁楼上去工作，一夜下来，用冷水拭一把脸，又赶到复兴岛去。当裘慧英要他注意身体时，他笑着说：这不算什么，长征时我就是这样过的。而且我现在有三个愉快：第一是夜里工作很顺利；第二是有了社会职业，可以减轻党的负担；第三是白天工作，可以学到许多新技术。这是我们目前在地下环境中难得的条件……

李白曾两度被敌人逮捕。敌人用上老虎凳、拔手指甲和灌辣椒水等酷刑折磨他，把他的腿也打断了。但他始终镇静而且坚定，使敌人抓不到任何把柄。裘慧英去探望，他悄悄地安慰她：不要多想到我！有人以为吃得好穿得好是荣耀，我却以为多为党的事业做工作是荣耀。天快亮了，你们将要过和平幸福的生活。但不要忘记今天的日子，要生活得朴素节俭……他是在浦东牺牲的，解放后才在那里发现他的尸首，和其他烈士埋在一起。当地的目击者说，被害时，他和其他烈士一起高唱战歌，呼着鼓舞人心的口号。执刑的敌军到附近小庙里去烧香，求天不要降罪，然后才敢开枪。

当裘慧英叙述到敌人的狠毒行为时，她愤怒地叫道：我们要把那最黑暗最野蛮的行为永远埋葬到坟墓里去，永远，永远！

她的报告引起了我们巨大的激动,成为推动我们工作的力量。我们纷纷表示,要学习烈士的精神来出色地完成任务。同时,我也更加明确了,李侠这一角色的性格核心是:对党的事业的高度忠诚和忘我。影片正应以这一点来激励无数后来者。

在剧本中,为了保证工作的安全,李侠不断地改变自己的社会面貌作为掩护:湘绣庄的写字先生、无线电行老板、高等生意人、糖果店老板、无线电修理工人。如何通过这一系列的社会面貌来展示人物的实质,是一个煞费斟酌的问题。在上海街道上拍摄他以湘绣庄写字先生的面貌出现那一段时,我仅仅想到要像个"生意人",装啥像啥,强调了世故圆滑,因而举止显得轻飘琐碎。后来到北京,在拍摄内景前访问了一些当年从事地下斗争的老同志。他们告诉我,前些时看了某些描写地下斗争的影片,感到那里面有些地下工作者的形象显得卑微平庸,缺乏气概。看起来那原因,主要是由于在某种社会面貌掩护下和敌人周旋时,处理得过于讨好对方的缘故。他们说,党的地下工作者是一贯艰苦朴素的,在任何情况下,都不应脱离他们正派、诚实的本色,创造李侠这个角色,首先要考虑到他的"底色",把他的底色涂好了,以后不论社会面貌怎么改变,都不过是换一个环境,一样地作战。要切戒把人物涂成灰色或白色,掩盖了他的"红底子"。那样会损害人物的精神面貌。

这个提示对我是很重要的启发。我开始明白了,如果我一味强调"装啥像啥",在人物的非本质的表象上过分雕琢,那就会使李侠这个党的地下工作者显得行踪诡秘,和组织、群众游离,"神秘"固然是"神秘"了,但会大大冲淡人物平凡朴素的真实面貌。因此,在李侠第一次被捕前,他是以"高等生意人"的面貌出现的,我原可以戴上金丝边眼镜,叼起雪茄,装出一副"高等华人相"的,但我决定放弃这样的"化装表演"似的细节,还他一个自然诚实者的面目,把他的外形处理得普通一些,并把注意力更多地放在李侠如何警惕地判断敌情、如何采取更有力的对策上去,因为在这上面,体现着李侠这个人物最本质的东西。

在这方面,人物形体动作处理也是至关重要的。原来,我仅只是概念地想把人物处理得沉稳温和些,并没有做很具体的设想,因此自己生活中的习惯就渗透进了人物的语调和动作,说话时免不了哼哼哈哈拖泥带水,不干脆,动作线条不够明朗果断,思索时还不自觉地显出忧郁的神色……幸好,我们用了很多时间进行排练,合作者们指出了这些不符合人物性格的地方。他们说,李侠是个老红军,多年在部队,语调和动作都应有较鲜明的军人气息,到上海后,虽然很快地熟悉了环境,善于应付不同的情况,但当他和自己的同志在一起时,仍然会流露出军人姿态。只有在日久天长之后,这种习惯才会逐渐消失。

这个提醒是很重要的,在小阁楼上发报等场戏中,我注意了这一点。由于在影片中好多场面是李侠和何兰芳在一起或独自一人,因此在这些戏中,角色的语调和形体动作与他在延安出现时的形象相呼应,就使这一人物的外在形象有了一个主调。

>>> 孙道临主演的《永不消失的电波》剧照。

为了凸显人物的本质,更重要的问题在于:如何通过一些激烈斗争的环节,突出人物顽强的斗争性和工作上永不疲倦的精神。在这方面,我们也通过排练,进行了反复研究和探索。李侠被日本宪兵队逮捕,在老虎凳上受刑那场戏,开始排练时,我处理得过于平稳,看不出愤怒斗争的火花。后来又演得过于怒目相视,高声喊叫,那样显然是容易暴露身份,不利于当时的斗争。经过几次试排才确定采用现在的处理:由于李侠此时战略是"沉着坚忍、拖垮敌人",因此他尽管脚跟上放上三块砖,痛得浑身颤抖,仍然咬紧牙关,只从牙缝中迸出"我是中国人"三个字,既表现出人物的民族气节,又不做过分表现的叫嚷。而导演的镜头处理,也抓住他在酷刑面前始终坚忍不拔这一点,做了有力的渲染。另外,李侠出狱后返家与何兰芳相逢一场,在原来的剧本中,李侠向何兰芳表示重新建立电台以后,还交代了何兰芳将生小孩的事情。仔细研究下来,觉得这一场戏主要是要表现李侠尽管在狱中被折磨得极度衰弱,但仍强烈地要求继续投入战斗。这是一个有力突出李侠永不停歇的战斗精神的场面,如果在达到这样一个饱和点后,再去表现何兰芳要生小孩,那就会冲淡这一场戏的效果,因此决定删去这个细节,而把笔墨集中在李侠在肉体极度伤痛中仍然坚持要尽快地恢复电台上面。

紧紧抓住角色的核心。这是我在扮演《永不消逝的电波》中李侠的一点重要体会。

向夏衍前辈学艺

随汤晓丹同志回他的家乡福建漳州参加他的电影作品回顾展和研讨会。在路上,一位中年文艺工作者和我谈起五六十年代的影片。他特别提及《革命家庭》是最令他难忘的影片之一。《革命家庭》是夏衍同志根据陶承老人的回忆录《我的一家》改编的,由水华导演。我们都知道,夏衍同志和水华同志合作的《林家铺子》,堪称我国电影史上的一部经典作品,它以含蓄隽永的风格勾勒出一幅30年代江南乡镇的真切图景,揭示了那个时代中国社会的实质及人民的命运。

我有幸在《革命家庭》这部影片中担任了江梅青这一角色。老实说,在接了文学剧本后,我觉得戏"淡"了些,作为演员有点不够"过瘾"。在排练和拍摄过程中,我曾几次为要加强表演上的"戏剧性"而和水华同志争论不休。当然,作为演员,我还是恪守一个原则:争论归争论,如果意见难以统一,最后还是要努力去体会和体现编导的意图。关于江梅青逝世一场戏的处理,我们曾经试过许多方案,一次,夏衍同志来和我谈戏,我就提出来,梅青死前是否可以吟一首诗?没想到夏衍同志以最简练的话回答说:"我这个人一向不会写诗的。"这样,我只得默然无言。《革命家庭》完成后,观众普遍认为它朴实含蓄,正如影片中的女主人公周莲的为人。影片写了两代革命者的奋争精神与崇高品格,而毫无剑拔弩张的烟火气,在平凡的生活图景中蕴涵着澎湃激情、千钧重力。这使我悟到:自己当时非但对"艺术贵在含蓄"这一点不甚了解,而且也没有很好地意识到,一部作品,应该追求与人物和内容相适应的独特风格。

1962年至1963年我参加了北影拍摄的《早春二月》,在这方面有了进一步的体会。这部影片是谢铁骊同志根据柔石小说《二月》改编并亲自导演的。他在拍摄这部作品时,执意追求一种含蓄、抒情而又富于哲理意味的风格。我想,这大概也是夏衍同志格外钟爱和关切它的制作的原因吧。在开始拍摄之前,我读到了他对分镜头剧本的眉批。使我惊讶的是,那些提醒竟是如此熨帖和细致。譬如萧涧秋和陶岚在桃花林中散步那一场,分镜头剧本的"效果"一栏中,原注有此时画外传来学校课堂的风琴声一节。在眉批中,夏衍同志注:"此时只宜隐约。"在拍摄过程中他经常赶来看样片,文嫂自杀后萧涧秋赶来的一场内景中,曾经打算拍摄文嫂的尸首躺在门板上的镜头,夏衍同志说,银幕上出现死尸总使人感到不那么美,生理刺激太强烈,不如搞一个更适合影片风格的表现方式。最后,影片采取了现在的拍法:萧涧秋匆匆推开室门,快步走到文嫂床前。他呆住了。半晌,他沉重地摘掉帐钩,放下纱帐,扭过头去……

>>> 孙道临、谢芳主演的电影《早春二月》海报。

总之,在全片的拍摄过程中,我时时感到了夏衍老人那种和创作者一起追求一种典雅含蓄的艺术境界的苦心。

夏衍同志对影片中细节描写的要求是极其严格的。在《早春二月》分镜头的眉批中,甚至连陶慕侃请萧涧秋吃晚饭时应是几个盘、几个碗都做了提醒。他对有些影片创作者对所要表现的生活不求甚解、只大概望一望,就粗疏草率地进行创作,因而屡屡出现不真实的细节的情况是极不满意的。他提倡严格的现实主义,要求创作者深透地了解他所要描写的生活、环境及细节。我想,这不但是在追求真实、含蓄的风格时应做到的,而且是值得每一个创作者认真汲取的一种精神。

他知道了上影厂委托张骏祥同志、徐桑楚同志和我等筹拍《三国演义》系列影片之事,还曾接连写了两封热情的长信来,提醒有关改编《三国演义》的一些问题,条分缕析,深入细致,要言不烦。90岁的老人了,还那样思路清晰周密,充满活力,使我在惊奇、敬佩之余,还感到无限的喜悦!

水华境界

水华像一个温文的、宅心仁厚的兄长。

短短几个月的合作,他给了我这样的印象,那是1960年,他导演《革命家庭》,我演江梅青。

曾记得，在影片完成后，他和于蓝、钱江等同志为我开了一个临别鉴定会，认真地谈了我在拍片中的表现。在结束前，他语重心长地说，希望下次再见面时，能见到一个更奔放灼热的道临。

的确，和人相处时我是拘谨以至于拘束的，这给我的创作带来了不少局限。水华同志这句赠言，使我更珍视人与人之间的感情交往，也使我更重视从日常生活中获取创作的激情。

现在是在研讨水华的艺术，说这些话似乎有些离题。

为了体现自己的艺术构思，电影导演需要与合作者建立起纯真的友谊，相互间的信赖需要在摄制组内创造出一种不疲倦的探索气氛。有时，还可以从合作者那里汲取新的灵感，新的建议，丰富或刷新自己的构思。因此导演和合作者的关系，可以说是导演创作的一个基础。从这意义上说，先谈一点这方面的感受也许是不无必要的。

在拍摄《革命家庭》时我感到最困难的是梅青逝世的一场戏。为了找寻一个最能留下深刻印象的处理办法，水华建议我和于蓝、张亮一起琢磨、排练，试验各种各样的方案：梅青吟诗，梅青诙谐地做手影，梅青吐血……水华一直平静地观察着，他不轻易地否定你，也不轻易地肯定你。试过一个方案之后，他低头考虑一下，然后温和地说：我们再试一个方案吧。或者说：再想一想，再想一想。

老实说，试了两个方案之后，我已经有些不耐烦了。但是望着他那种沉着苦思的样子,仿佛此时其他一切都不存在的神情,我又不能不受到感动,简直觉得自己的急躁是一种犯罪了。对于他的耐心和执著,我产生了一种敬佩之情。

通过这样的排练,我感到:人物性格表现的天地是广阔的,你必须驰骋你的想象,然后从多种方案中选择一个你认为最适合的表现方式,这样就能够体现你对人物的特殊阐释和自己的创作个性。

在探索的过程中,导演是一个最初的,严格而又耐心的观众。他像一个温和的兄长一样,为你创造出一种平心静气融合无间的创作氛围。他注视着你,鼓励着你,在必要的时候,简练地提示、提问……和你一起探寻人物的内心活动和外部动作,一起去一点一滴地塑造人物,塑造你和他共同创造的"这一个"。

北伐军到长沙,梅青归家。这是《革命家庭》中的一个重场戏。

进入排练前,我做了一个富于动作性的设想:梅青兴冲冲走进屋内,他望着周莲,抱起最小的孩子,然后兴奋地绕屋一圈,周莲跟随着他。他们望着梳妆台、床帐、琴桌……旧物依在,引起关于往日甜美的回忆。

大概这样的设想是过于华丽而"戏剧化"了吧,水华沉默着,并不对此表示任何意见,只是建议我多想想梅青进家前的心情,然后,在与亲人们重见时和他们交流起来,用亲热但极朴素的方式来表达我们的欢乐……

>>> 孙道临主演的电影《革命家庭》剧照。

同样的情况也发生在"马日事变,梅青离家"的一场中,在排练时,我企图寻找较复杂的调度,用浓烈的表情来重描梅青和周莲分手时的情感。然而水华显然并不喜欢这些。他希望我不要赋予这次分别以过多的凄惶、恋恋不舍的色调,不要追求外在的"戏剧性",要简练再简练。这时的梅青和周莲深沉地握手,匆匆言别,只是离开时眼光的一瞥,流露出尽在不言中的望她珍重之情。

我担心这样处理太淡了。我激烈地争辩,保卫着我自己心爱浓烈的处理方式。然而没有用,这位仁厚的兄长始终没有让步的意思。

当然,我一直遵守这样一个原则:在现场,如果和导演发生矛盾,相持不下去时,我应当最后根据导演的要求去做。

只是在过了一些时候,特别是在看了工作样片之后,我才逐渐体会到,这大概就是水华的特点:不要急于向观众奉献出丰盛的筵席;要尽量拒绝一切外烁式的华丽表现方式的诱惑,找到属于人物的纯真而深沉的感情,找到最质朴最简练的外在表现形态。有时,从表象上看,人物几乎是静止的,但透过他的眼神、声音的细微变化,可以使人觉察到他内心感情的萌动……

要做到这点,首先要求演员体验——真实地体验人物。

其次,要求你节制,尽量节制你的外在动作,直到内心活动要求你非动不可的时候。

这样,表现的浮躁气可以被去除了,造作的戏剧性可以被避免了。余下的便是生活的实感,而且是从生活中凝练出来的实感,质朴无华而含蓄,像橄榄一样清香、耐人寻味。

这大概是水华所追求的境界吧。

和水华合作的几个月,是训练艺术创作气质的一课,也是理解如何追求艺术的凝练和含蓄的一课。在我的创作道路上,他曾为我注入珍贵的营养、新的生命力。

拍摄《革命家庭》已是多年前的事了。但至今我还记得水华那温煦而又专注的目光。

凌子风风貌长青

人们长久记住一位艺术家和他的作品,不仅是由于他的某一笔、某一画、某一段精致的裁剪、某一个巧妙的构思。深深刻在人们记忆中,给人一种潜移默化的影响的是他作品中流呈出来的特异的神韵,他作为一个艺术家的个性和品位。

上海刚解放不久,我就看到了凌子风在长影拍摄的《中华女儿》。尽管可以看出,这是一位初次拍摄电影的导演,手法上还显生疏,但通篇中洋溢着的气概征服了我。那八位青年女性臂膀扣着臂膀向滔滔江水中走去的情景给了我极大的震动。那滚滚的江涛、年轻妇女们义无反顾的神情,至今还在我眼前跳动,成为我所看过的电影中最难忘的场面之一。当然,至今我也还能感受到影片导演在拍摄这部影片时的火热的心的搏动。

建国十周年,我们电影界获得了一次划时代的丰收。凌子风的《红旗谱》无疑应在那长长的收获名单上占有他的位置。那时,他"拼命三郎"的雅号已闻名于电影圈了。为什么会博得这样一个美称呢?听说他拍起戏来一鼓作气脚不沾地,速度惊人,干起来好像连命都不要。那时,我还没有和他攀谈过。只记得一次正在北影食堂吃饭,门开处,他由几个人簇拥着,急急风风走进来。他大声和人打着招呼,那手势,那身段,那声音,俨然像京剧架子花脸扮演的一位山大王。我当时感到,"拼命三郎"这个绰号,用在他身上,似乎气派小了些。

是的,看了《红旗谱》后,这感觉更强了。类似看《中华女儿》后的感受又一次冲击了我。这回不是"八女投江"时的滚滚江水,而是冀中平原苦难农民们点燃的怒火。银幕上,火焰飞腾的特写镜头一次再次地出现,使我越来越贴近朱老忠和他伙伴们的心,同时也越来越使我感受到影片创作者粗犷豪壮的气概。

1979年,我有幸和凌子风合作拍摄了传记片《李四光》。我感到,此时的他,并不像传说中的那位风风火火的"拼命三郎"。他豁达沉着,在着意勾勒人物不同时期的大幅度思想变化的同时,还十分注意捕捉人物的细致心理活动。这部影片的跨度有50年,在叙述事件上已有不小难度,但他并不放松对每一个场景氛围的描写。在分镜头剧本中,许多镜头的文字旁都附上了画面,那是用钢笔做了细线条描绘的,至今再翻开这个本子,我读到了他在这上面"拼命"的细心和苦心。影片是以李四光在自己家附近小路上缓缓散步,同时考虑着学术问题做结尾的。我很喜欢这个镜头隽永的意味。我发现,在他从前的作品中,这样的格调是不大出现的。

人们说,在"文革"后,凌子风作品的风格有了很大变化。这变化,他是不是从《李四光》——他"文革"后的第一部作品就已开始,到后来的作品中就愈益明显化了呢?

可惜,我没有看到他的《边城》和《春桃》,在这个问题上无法做出全面的发言。仅从《骆驼祥子》和《狂》看来,的确银幕上展现的,不再是奔腾的江水、平原上的烈火……而是一幅幅精致的苦难人间的充满风俗气息的图画:古老的北京车行、杂院;闭塞的清末四川村镇;在苦难生活中煎熬着,相互争斗着,被扭曲着而又希望之火难以熄灭的人们……

然而,这意味着他已失却了"文革"前作品中洋溢的豪情了吗?能够说他只顾刻意追求意境,失却了呼喊的力度了吗?

如果我们再想一想这两部影片中出现的一些形象:伛偻的骆驼祥子蹒跚地踽行、暗狱般的"下处"里老妓女充满皱纹的脸、大时代风浪在一个偏远小镇中卷起的风暴、在风暴中为爱而挣扎的年轻女店主……这些事,这些人,不都似在向我们沉重地呼喊:生活本不该像这样吗!

凌子风还是凌子风。烈焰和江涛并没有熄灭、干涸。经过一次历史的大震动之后,他们进入了地壳,成为地火和潜流,仍然在燃烧、奔突。

凌子风澎湃的热情和壮美的气概使他永远年轻。我们期待着他更多的动人心魄的作品问世。

"老坦克"

一次,在上海的街上,我骑车去办事,正走着,身旁响起一个陌生的声音:老孙,怎么骑这么一部"老坦克"?(上海人称破旧的自行车为"老坦克"。)我扭过头去,那是个不相识的瘦瘦的中年人,也骑着车,一副久经风霜的样子。见我怔神望着他,便笑道:从侧面看就知是你。我是你的老观众。怎么?你出门还踏自行车?为什么不?我问。你这样的大明星,会没有自备小汽车?他信口反问。我笑了:朋友,你把我们想得太阔绰了。

我的"老坦克",是1964年买的,凤凰牌,黑色车身,28吋,确是貌不惊人。用了25年,漆面纷纷剥落,也生了不少锈斑。不管是朋友或素未谋面的观众,都经常会朝我叫一声:老孙,你这部"老坦克",该换一换了!可我却舍不得让它退休。它的车把比现在的样式宽,攥着它,感到心胸广阔。"十年浩劫"中,我的母亲为了不让它落到别人手中,曾经换来有生以来的第一次耳光;它也曾被人硬行"借"去,"浩劫"过后又回到我手中。至今敲敲它的大梁,仍然发出铮铮亮音。识家告诉我:这管子是锰钢的,现在的车身,未必有这么好的料。这样,我对"老坦克"的感情就更深了。它真是个默默无声的好伙伴。骑着它,总觉得那么安全、妥靠,心里格外踏实。

路上碰到的那位观众朋友,当然不会了解我和"老坦克"的深厚友谊。但是,问我为什么没有自备小汽车,却说明他对我们的生活太不了解了。值得深思的是碰到不少人,都问过我类似的问题。好像我们都像好莱坞明星那样,过着一种大大超过常人水平的生活。这样的错觉,大概是由于他们听了不少有关国外明星豪华生活的宣传,并且对我国演员生活比较隔膜的缘故吧。

《中国电影周报》评选出我国40年来的"十大明星",使我想起了上面这段事。同时,也使我联想起,在国外访问时,经常有人问我这样一个问题:你们中国有没有明星?

当然,明星是有的。只不过有许多不同处,譬如在物质生活上,我们的明星大都并不属于那种令人艳羡不已的范围:没有那样令人咋舌的高额酬金,没有豪华的别墅和小汽车。然而,就我个人来说,并不因此感到有多大遗憾。

是的,当我跨上我的"老坦克",慢慢驰行在自行车群之中的时候,我的心情格外稳定、安详。记得,我曾经有过三辆这样的"老坦克"。初中时,父亲为我买了第一辆自行车,代价20元。4年后,进了燕京大学,我骑着它去图书馆,上声乐课。太平洋战争开始,燕大被日本宪兵关闭后,为了谋生,风风雨雨,我骑着它在北京跑九城,给人送羊奶;有时,又骑着它到同学家去练习钢琴……1948年来到上海拍电影,我的堂弟给了我一辆跑车式样的轻巧自行车,一直用到1964年。无论烈日当空,或是台风猛扫,年复一年我骑着它去上影厂,在那里拍摄了《渡江侦察记》、《南岛风云》、《家》、《不夜城》、《万紫千红总是春》等影片……1964年买的这辆,是跟随我时间最长的了。"文革"以后,它载着我继续从家到厂的路上奔驰。记得是拍摄《非常大总统》的时候,时常早上5点多钟就要到厂里化妆。一个拂晓,连夜春雨过后,马路上湿湿的。我驰过衡山路,路上阒寂无人。浓密的梧桐树阴下,润滑如镜的柏油马路反射出路灯的橘黄色光芒。在那光芒中,还闪烁着一丛丛深绿色梧桐叶摇曳的影子。"老坦克"载着我驰过去,竟像在一个静谧而又充满生命魔力的幻梦中滑行。此时情境之难忘,胜过了我看到过的一切绮丽山河。我的心情如此平静、满足,驰过去,驰过去……把"老坦克"放在摄影棚外,化妆师开着灯在等着我。一天的工作开始了,我们继续塑造我们所崇敬的民族英雄的形象。

多年来,我曾经接到过多少观众的热情信件。在火车上、飞机里、轮船上,在工厂、农村、部队、学校和里弄,多少观众的期待的目光向我投来,他们告诉我,从我参加拍摄的影片中,他们得到过多少鼓舞、怡悦和生之希望。直到今天,中老年观众还说,他们青年时代所看到的一些影片是多么难以忘怀;青年观众看了一些老片的反应,也告诉我,他们是多么喜爱它们。这一切，不能不使我意识到：我们的影片是来自人民的。正因为人民的生活和斗争给了我们激情和灵感，使我们反映出人民的痛苦、挣扎、欢乐和希望，创造出人民的艺术，才能得到他们如此的钟爱。我和祖国同步，在自行车洪流中和人民一起向前奔驰。这样地生活着是幸福的，精神世界何等充实、富足。

谁不喜欢豪华的别墅、漂亮的小汽车？然而，有什么比精神的富足更为美丽的呢？如果客观条件只允许我在物质或精神的富足二者之中选择其一，我宁愿放弃前者而选择后者。我的经历告诉我：精神的乞丐是最可怕和悲惨的！

我仍将踏着我的"老坦克"向前驰行，直到我的眼和腿不允许我这样做为止。然而我仍将向前瞻望，有一天，我们的明星们将同时据有精神和物质的富足。

第三部分

孙道临自述

爱的馈赠

一个年轻记者对我说：我刚刚读了你在《文汇月刊》上发表的文章《没有失却的记忆》，我感到惊奇。想不到你这么大年纪，心情还是那样不平和。

我说：我自己也奇怪，怎么年纪越大越容易激动了，特别是想起一些往事的时候。

这个对话发生在上海大光明影院的前厅。那一晚，我个人从影40年生涯系列活动正在这里举行揭幕礼，记者所提到的《没有忘却的记忆》是在那以前一个月写的。在那篇文章里，我写到三个已逝的朋友，不同的性格，不同的际遇，但是他们都有一颗极其真诚善良的心。事实上，在这次揭幕礼以前几个月以至几年里，我就经常耽于回忆了。我回忆起更多更多的人和事，他们引我进入一个深沉的充满生之价值的世界。

回忆从影40年？不，还应该加上我从影前的20多年。因为，没有那从童年到青年的20年，也不会有我后来的40年。应该说，从我能够意识到自己的存在、意识到人生、并且开始理解这世界，开始"意识地选择"的时候起，我就已经在铸造着自己了。

不论在从影前的20年或从影后的40年中，我都不断地在铸造自己,环境、时代、爱我的人和把仇恨和痛苦加在我身上的人也都一直在铸造着我。

当我回忆起这一切的时候,我愿意多多想起那些曾馈赠给我爱和温暖的人们。他们的力量那样大,足够去抵消那些把仇恨加在我身上的人所给我的阴冷的感觉。的确,我经历过不少绝望以至想轻生的时刻,但人间的温情又常使我感到生的可贵,因而重新获得生的勇气和欢乐。1942年春天我离开了家,刚满20岁的我异常孤单,在槐荫遮蔽的窗下我感到周围全是黑暗,生命毫无价值。有一天我在外面奔走了一天后,回到那栖居的小屋,发现桌上放着两个覆盖着红色剪纸的茶杯。那是母亲嘱人带来的,剪纸的花样象征着吉祥如意。我呆望着它们,眼中充满泪水。母亲,母亲,这两张简单的红色剪纸向我述说着你无言的爱。我虽然离开你那么远,但是你把你能够燃起的那一点热力遥遥地传送给我……为了你这样的爱,我要坚强地活下去!1966年我被打入"牛棚"。我的母亲快要死了。我得不到回家许可。等我能回家时只看见她冰冷的尸体,她已经死去多时了。两天后我回到被隔离的地方,没法向任何人诉说自己的痛苦。夜里,我做着奇怪的梦:一扇耀眼的金色大门怦然关闭了。许多碎了的断了的金丝金片纷乱地飞扬,一声声喜然的长鸣震耳欲聋,似是我母亲在竭力嘶喊,又像是许多不知名的痛苦的人在号叫……梦并不那么可怕,但我从来没有过那样强烈的战栗和失落感。我埋头坐在被指定的座位上,面对着惨白的墙壁,许多天我没说一句话。事实上,我也不敢说话,我是怯懦的,因为我怕,如果和同在"牛棚"的人谈心,会被加罪为"反革命串连"!但是,这以后不几天,一个青年朋友以要我去"外调"为名,隔窗唤我出去。走到无人处,他问我为什么如此低沉,希望我坚强起来,甚至跟我说:你要学习鲁迅的坚强精神!天哪!我想,他真是太天真了,那时的我还有什么资格学鲁迅?然而,我并没有觉得他这种想法有什么好笑,他的真诚感动了我,和我母亲永别后这么多天,我第一次哭出声来!……我还回忆起,在那场史无前例的运动初起时,一些外地造反者来到我们厂,要"牛鬼蛇神"们出去示众,厂里另一位青年朋友冲进"牛棚"来,叫大家出去,却突然回头指着我说:你,孙道临!你不许去,好好在这里写检查!声音很响很凶,但我却体会到那里面隐藏着的一种保护之情!

像这样的年轻朋友,我还可以举出好几个。这样的爱和关切支持我度过了那难挨而心碎的日子,使我相信,人间的尊贵的感情并没有消失。

我到旧金山参加美国艺术大剧院演话剧时,一位同台的美国演员向我谈起人生的淡漠,不胜欷歔。我对他说:也许你曾遭受过很多磨难和痛苦,但只要你接受过一点点爱意,她就值得你为她充满信心地活下去!他听了,显得惊讶而又感动,叹息着点头,拉着我的手,半晌不说一句话。

有的朋友在这次系列活动中对我指出:你的40年从影系列活动对你来说不是一个句号,而是点一个逗号或分号。我感谢他们对我的期望。我将继续前行。对于那些曾掷给我仇恨和痛苦的人,我愿意忘掉他们,而只记得他们给我带来的人生教训。这样,我可以不至于满面阴霾,步履沉重。我愿意向我记忆中的一切角落去搜寻,去挖掘出人们馈赠给我的爱和善意,常常记住他们的微笑,他们的深情。这样,即使嗓音已经开始嘶哑,我也仍然可以唱着愉快的歌行进,在未来的也许不太长的路程中,把同样的爱和善意回赠给同行的人们。

不仅是为了过去

上海和嘉兴、嘉善举行的我个人40年电影生涯系列活动,已经圆满结束,但是,我的耳旁仍然响着几位年轻人的声音,眼前跳动着他们的面容。从去年11月底起,他们就代表上海《文汇报》、《文汇电影时报》和锦江集团公关公司经常来我家,商量办这次活动的事。他们说,这次活动,只是他们准备举办的同类活动的开始,是为了深入研讨、认识过去40年我国电影事业的状况,从而更好地把握我国电影的走向。他们兴高采烈地议论着"如何使这次活动不是停留在专业的圈子内,而是和广大观众相联系,以取得更好的社会效应;如何把它办得更有个性、特色……"有时他们一直谈到深夜,眼角闪着光,像是在精心雕刻一件艺术品,设计着这次活动的种种。他们的热情深深感染了我。谢谢老天！我不禁想,幸亏我们的年轻人不尽是"顽主",仍然有着不少这样充满理想和热力的实干家。

经过他们近半年的奔走,在各有关领导和各界朋友的支持下,这件事终于办起来了。目睹他们的种种艰辛,对诸多单位和朋友的热情帮助,我深为激动,感到荣幸,因为这对我,是最大的鼓励和荣誉。而所有参与这次活动的朋友的真诚精神,又不能不使我联想起长年来曾给了我真诚关切和鼓舞的朋友们,想起一切曾经和我在艺术上合作过的朋友们。在艺术创作上,可以说我是个幸运儿。"文革"前的 17 年,我有幸和汤晓丹、陈西禾、王苹、水华、谢铁骊等艺术家合作,是他们和电影界的一些领导人和广大的创作者一起,在那教条主义泛滥的大气候中,创造了让艺术品滋生的小气候,因而仍能在困难中拍摄出一些具有生命力的影片。荣誉应当归于他们,归于这可贵的艺术群体。当然,归根结底,荣誉还应当归于人民。因为 40 年来,我参加拍摄的影片,绝大部分都表现了我国人民的斗争业绩:没有知识分子锲而不舍、寻求真理的精神,就没有《早春二月》;没有人民子弟兵前仆后继的英勇战斗,也就不会有《渡江侦察记》……

感谢热情支持这次活动的一切朋友们。他们使我更深切地感受到祖国人民的深情和力量、嘱托和期望。这样的活动不仅是为了过去,更是为了未来。在电影事业面临新的转折和考验的时候,更需要我们心里想着人民,更需要一个富于奉献精神的艺术群体。

记中村登

还是在投入拍摄前的一年多,《一盘没有下完的棋》还存在许多未决的难题的时候,日方制作人德间康快先生曾乐观地说:等我们把影片拍成了,定要一起到赵丹先生、中村登先生墓前去献花!

现在到了实现这心愿的时候了,影片终于要和两国广大观众见面,我深深地怀念着那些曾为这部影片奔走尽力,而又不能看见它上映的朋友们:赵丹同志,原日方导演中村登先生,此外,还有北影厂的原剧本编辑李华同志,以及原日方制作主任金原文雄先生。在这部影片的长长的筹备期间,他们先后不幸谢世了。

凡是看过日本影片《生死恋》和电视片《白衣少女》的观众,对中村登这个名字会是熟悉的。我知道中村登先生,实际上也是从这两部影片开始的。清丽、隽永、执著地追求着人间的纯情,这就是作品给我的特殊印象。1980年10月,我随中国电影代表团访日,在一次记者招待会上和中村登先生见过一面。他清瘦的脸上充满笑意,眼里闪着诚挚的光彩,身材虽矮小却很精干,动作敏捷而具有弹性,完全不像是七十开外的人。那天到会的人很多,我们不及多交谈。给我印象很深的是当我问他最近在做什么的时候,他乐呵呵地回答道:在准备《一盘没有下完的棋》。

当时,剧本还需要修改,开拍的事更还渺茫,中村登先生便已毫不迟疑地把精力投入准备工作,这确使我惊讶不已。因为我听说,由于要争取多拍片子,日本电影导演的时间是很宝贵的。据后来中方导演段吉顺同志告诉我,中村登先生的确早就怀着巨大激情着手创作上的准备,在那时,他已写下一本厚厚的设想,其中包括场景的选择、意境的营造……

1980年12月,正当我们开始讨论修改本第一稿的时候,日本朋友告诉我们说:中村登先生因病入院了。两个月后,竟传来了他不幸逝世的消息。在东京的见面,成了仅有的一次,这真是令我难以置信的事情。特别是,在这以后的筹备期间,我们经常像德间那样提到他,希望能继续完成他的"未了的棋局",这样,他便成为一个鼓舞我们前进的精神力量。我们感到,他并没有死,却好像一直笑吟吟地站在我们中间。

今年1月,影片终于在东京开始拍摄了。一个充满春意的下午,我们到逗子去探望中村夫人。那是离镰仓市不远的一个海滨小镇,从东京驱车到那里,要两个多小时。在一条幽深的小巷内,一座整洁的平房,短短的廊道通向客厅,木隔扇门窗,打蜡地板上陈设着安适的沙发、茶几和淡色的书橱,这大概是一般日本知识分子所喜欢的日西合璧式的住宅吧。从窗里可以望见那窗外的庭院,陪同我们前去的内川清一郎先生说,不久以前,那里还盛开着梅花。

中村登夫人向我们深深鞠躬表示谢意,并说:中村登先生知道你们来,会非常高兴的!她含笑为我们端来红茶、点心和草莓,随后又拿出许多照相簿。那里面是中村登先生作为日本文化代表团成员访华和两次为《一盘没有下完的棋》事访华时所拍的照片,照片旁一律用毛笔工整地写下了拍摄的日期、地点和访问单位。

我们一边翻照片簿一边谈着。我们告诉中村登夫人,这次在东京帝国饭店举行的开拍式招待会上,汪洋先生在发言中特别提到了中村登先生对于促进此片拍摄所做的贡献。我们说,我们是不会忘记他的,将来影片拍成之后,准备在片头字幕上写上他的名字,作为纪念。中村登夫人默默听着,苍白的脸上呈出笑容,她弯腰颔首表示谢意,并安详地重复说:中村登先生知道了,会很高兴的!停了一会儿,又静静地说:他多么期望这部影片能成功啊!在他进医院时,还带着《一盘没有下完的棋》的剧本和全部资料……

坐一旁看着这情景的内川清一郎先生显然是有些激动了。他不安地挪动着他高大的身躯,自言自语地说:这是多么动人的场面啊——这样的会见!他突然提高了声音:将来这部影片上映的时候,请务必邀请我们,我要陪同中村登夫人一起去参加首映式!他是一位电影导演,曾经导演过五十多部影片,现在不再拍戏,致力于佛教会的工作了。对于中村登,他是怀着很深的敬意的。他说:我是中村登先生的好友,请相信,中村登夫人的话是真切的。中村登先生是怀着很大热情在准备这部影片的拍摄的。在我们这社会中,艺术家往往要为金钱而工作。但是,他们并不总是这样,譬如在这样的事上,我们是并不考虑金钱的,并不,并不!说到这里,他抬起眼镜框,用手帕拭着湿润的眼睛。

请允许我为中村登先生诵经祝福吧!内川清一郎先生站起身来,向中村登夫人说。中村登夫人请我们走进另一间完全是日本风格的房屋。靠北墙供着中村登先生的遗像,其他地方几乎是空荡荡的,只在榻榻米上散放着几只坐垫。显然,这是为纪念死者而常设的灵堂。当内川清一郎诵完经文后,中村登夫人到内室中去,旋即捧出一只咖啡色的匣子。

那匣子里盛着两本匣式磁带,一本学汉文的书。中村登夫人仍旧轻柔地说:为了拍好《一盘没有下完的棋》他是想学好汉文,再到中国去工作的!

是的,是的!内川清一郎先生补充说:我看见的。在他临终时,枕旁就放着这磁带和书!

我们都沉默着。

我凝视中村登先生的遗像,清瘦的脸庞上,那放着真挚光彩的眼睛好像在探寻着什么。这位毕业于东京大学的文学士,某些丑恶和残暴的现象大概曾给他不少痛苦吧,然而他终于深信人间存在着纯情,存在着美好的希望和友谊。他把他的信念记录在胶片上,留传给世人,这样的志趣至死而弥坚。《一盘没有下完的棋》没能在他手中"下"完,应该是他引为遗憾的吧。

这天,中村登夫人邀我们一起晚餐。当我们力辞时,她低着头,仍旧用那轻柔的语调说:这是他的意思,如果我不这样做,他会不高兴的。我们简直没有理由拒绝了。望着这位穿着黑色西式便服的夫人,望着她谦和的眼睛,我们又突然感到,中村登先生并没有死,他像我们仅有的一次见面时那样,笑吟吟站在我面前。

他是会看到这部影片的上映的。因为《一盘没有下完的棋》是部充满生活信念的影片,它是献给那些反对侵略战争、厌恶不义行为、热爱和平、希望人间充满着纯正感情的生者和死者的。

秋天的暖风

从上海起飞,不到两个小时便到达日本成田机场了。然而这天从飞机场到东京市区,由于正遇上台风肆虐,又是行车高峰时间,却走了三个小时。时间虽长,在车上却颇不寂寞。日本电影演员中野良子到机场接我们中国电影代表团,同车回去。在东京举行的中国电影节开幕式上,她将充当报幕员,正好利用这段时间和我们商议表演节目的事。她说她将把我们一一介绍给观众,还打算把最近访华时中国朋友送给她的一幅熊猫画拿给观众看。我们希望她届时还能唱一支歌,她爽快地答应了。她曾学过一支中国的《草原情歌》,但是歌词记不清楚,要我们给她说说。说着,陈强、李秀明、方舒、我和她就一起放开嗓子唱起来了……她还问我准备表演什么,我说想唱一支日本歌曲《红蜻蜓》,并试唱了一下,征求她的意见。歌词一共是三段,因为来不及学,所以只有最后一段才用日语唱。这首歌日本人民是很熟悉的,因此有的人说,一起来唱这支歌不是很有意思吗?前两段最好也用日语唱。可是我们几个都不懂日语,临时突击学,连语音都弄不准呢!

就在我们七嘴八舌议论着的时候,另一位中年日本朋友在旁边安静地坐着,虽然很少插话,但这件事他却记在心里了。第二天下午,当我们到日中友好协会拜会的时候,这位朋友已在那儿等着了。他笑吟吟地递给我们一叠油印的歌片,那就是《红蜻蜓》。音符和字迹都整整齐齐,在歌词的每个字下面都注着拉丁化拼音。接过这几张薄薄的纸页,我们心头都暖洋洋的。

他是迟荣先生,中国电影界很多人都熟悉,因为他曾久居中国,为中国的美术影片事业出过不少力量。1953年回日本后,仍从事动画工作。虽然只是这样几页歌片,但是可以想见他在接完我们回家后,怎样匆忙地连夜赶印,怀着一颗热烈的心要为发展中日人民的友谊多做点事。

在日本短短十三天,一直沉浸在友谊的温暖之中。日本电影界的朋友们,包括东宝、东映、松竹、大映等公司的负责人和工作人员都是那样热情、亲切,给予我们周到的接待。一直陪同我们的森繁先生,从我们的生活到每天的活动都是由他来具体安排。一切是那样有条不紊,而且对我们像老朋友那样体贴、实际、不讲虚文。如果预定在7时半吃早饭,那么,7时正,你房间的电话铃就响了,传来他从容的声音:起来了吗?7时半吃早饭。要乘火车去名古屋吗?你先去车站吧,一会儿,他会把你的行李送到手边。由东京到大阪,要和观众见面,他会给你打开盛着需要佩戴的红花的盒子,那是上次在东京和观众见面后,由他细心保存下来的……有多少琐屑的事要他去做啊,然而他的神色始终是默默的、安详的。

有一天,在吃饭时,我们随便问起他的家庭情况,谈了一会儿之后,他停顿了一下,忽然说:中国的政府当局……最近给我……找到了我的妹妹!大概是有些激动吧,语调虽仍是平稳的,声音却提高了。他告诉我们,他是在中国东北的一个县里生长的。1945年以后,他全家都陆续迁回了日本。只有一个患了瘫痪症的两三岁的妹妹失散了。留在中国,从此没有音信,没想到居然找到了。他特地去中国探望她,知道她多年来是在一个农民家庭里长大的,现在已成了家,还在公社的卫生院里做针灸医生。

森繁先生是1953年才回日本的,在那以后,曾因职务上的需要,来中国六十余次,为沟通中日两国人民的关系做了不少工作。目前他供职的东光德间公司,就是这次中国电影节的主办者之一。

像森繁先生这样和中国有着深厚的感情联系的,在日本是不乏其人的。大阪市附近有个钢铁城,叫做尼崎市。我们到达大阪后,尼崎市的藤原博副市长就托森繁先生的一位好朋友请我们去吃饭,情意很恳切。这位副市长先生五十来岁,中等身材,戴一副黑边眼镜,举止自然,声音很柔和,倒像一位文人。酒酣耳热,他情不自禁地唱起中国歌来:在那遥远的地方……唱得不算娴熟,就邀请我们一起唱到底。我最喜欢这支……草原情歌……他用同样不太娴熟的中国话说:好,好……在那遥远的地方……我是在中国生长的,那里还有我不少幼年时的朋友,中国是我的第二故乡……他告诉我们,尼崎市不久即将和中国的鞍山结成友好城市,他很快就要再到中国去。说这话时,他的神情几乎是骄傲的。我们大家互相祝酒,不拘形迹地依次唱歌。最后,只剩下一个人没唱了,那就是替副市长邀请我们的森繁先生的老朋友。他是个有些腼腆的人,不多说话,还声言不会唱歌,但是他也同意来演一个节目了。我们大家望着他,等待着。忽然,他展开双臂,用力挥舞,迸发出一声大喊,把我们都惊得呆住了。日本朋友们却纷纷笑着,向我们解释着说,他是爱看赛球的,尤其喜欢充当拉拉队,刚才他喊叫的是:中国,加油!

这大概是许多日本朋友的共同心愿吧。还是要谈到电影界的朋友们。他们对中国电影界的状况是很关心的,盼望中国电影迅速振兴起来,在国际上取得应有的地位。有人也愿意和我们携手合作,一起去争取国际荣誉。发起和中国合拍《一盘没有下完的棋》的德间康快先生,听到赵丹同志逝世的消息,深为惋惜。但在合作拍片一事上,他并不因此有所动摇,仍在积极推动这件事的进行,表现出很大的决心和毅力。近年来曾多次访问中国的川喜多先生曾为在日本公映我国影片《樱》做了努力,这次他对我们说,他很盼望中国影片能在国际电影节上争得荣誉。他给我们讲了一段往事:50年代初,日本经济尚未恢复,人民中间存在一种消沉情绪。就在此时,日本影片《罗生门》在威尼斯电影节上获得了大奖,消息传来,不仅日本电影界的人感到惊喜,就是全体人民的士气也为之一振,影片获奖的影响超出了艺术的范围。由此不禁想到了我们自己,我们中国电影工作者为什么不能对祖国做出更大的贡献呢!

这次访问是在秋天,但这篇短文中写不尽的友好之情,却使我感到春天般的温暖。我相信,我们和一衣带水的邻邦日本之间的真诚友谊,一定能够克服一切障碍,不断地向前发展。

佐藤纯弥二三事

中日合拍的《一盘没有下完的棋》是1982年3月在东京开拍的,但从1980年起,我便投入了它前期的准备工作。1980年底,原定的日方导演中村登先生病逝,由佐藤纯弥先生代替他的工作。因此从1981年春天起,佐藤便用了近一年的时间几次来华和我们一起研究剧本的加工修改。他的夫人是绘画家,没有来过中国,但每次来华他都是只身一人,不带夫人。问他为什么,他微笑说,来华是为了工作,不是旅游,因此不想带她一起来。他性格之耿直也由此可见一斑。

耿直往往是和率真联系在一起的。《一盘没有下完的棋》的开头,是中国人民欢庆抗战胜利的场面,并同时出现字幕:1945年,日本投降。这部影片计划在中日恢复邦交十周年时完成。考虑到日本观众的承受力,我方有的同志曾提出是否可用其他字眼代替"投降"二字。佐藤听了,先问这是日方还是中方提出的,当被告知是后者时,他便婉言说:非常感谢中方的好意,但既然日本帝国主义者干了坏事,被打败了,投降了,就是投降了,无需回避,应该让日本人民记住它。我这个人从不拍"中性"的电影。

影片完成后,1984年11月美国电影艺术学会选择了此片在华盛顿肯尼迪中心举行在美首映演出。佐藤代表日方,中方导演段吉顺和我代表中方应邀前往参加。有一天美国一家杂志对我们进行采访,佐藤向他们介绍了这部影片在筹拍过程中所遇到的种种困难。他提到在修改剧本过程中,在日方曾受到一些商业化思想的影响,使原来的题旨改得走了样。由于中方坚持反对这样的改动,终于使影片能按现在的样子进行拍摄……佐藤说的这件事是存在的,当时的确险些使这次合作中断。但我没想到佐藤会在美国记者面前谈到，丝毫没有想遮盖他自己一方的弱点。他的坦诚使我惊讶。

他第一次来华就坦率地告诉我们，他为什么乐于接受这部影片的导演工作。他说：我喜欢这个剧本，就因为它能接触到中日战争这页历史。目前，不少日本人忘掉了过去对中国的侵略。有的日本青年到国外去，人们问他是不是中国人，他们居然勃然变色，好像蒙受了什么羞辱似的。佐藤说，在影片的结尾我要日本人向中国人民谢罪！也许拍完这部影片我不能再当导演了，但我在所不惜！

在影片完成后的1982年9月，我随中方代表团赴东京参加影片在日本的首映式。

佐藤告诉我们，当这部影片在其他城市试映时，竟有人用灭火机向银幕喷射药剂。那一次日本首相铃木在他的官邸接见了我们。官邸位于一个小广场的一侧，是座陈旧而普通的小洋房。当我们到达的时候，只见广场的另一侧，一辆车上的扩音器正对着官邸播放"反对修改课本"的叫嚣。大家都会记得，那时由于日本文部省在学校课本上粉饰日本帝国主义侵略中国的罪行，我们曾对日方提出严重抗议，要求他们重做修改，而那些军国主义者就跳出来力竭声嘶地反对了……从这些情况可以想象当时日本军国主义者的猖獗，日本国内斗争之激烈。为此，我愈益钦佩佐藤的勇气和执著，作为一个已拍过《追捕》这样轰动一时影片的著名导演，他原本是可以走一条轻捷的道路的。

>>> 《一盘没下完的棋》电影海报。

尽管我们之间在创作上曾有过激烈的争论,但我始终对他怀有敬意。没有作为一个真正艺术家的坦率、真诚和勇气,是不能导出像《一盘没有下完的棋》那样的影片的。

为此,我赠给他这样一首小诗:

> 从来男儿多血性,踏遍荆丛唱不平,
> 正是路转峰回处,青山照眼看佐藤。

愿随精禽填沧海

《一盘没有下完的棋》拍摄散记

> 天空,感谢你随我开阔的白云,
> 当我穿过时,
> 围绕我以纯净的颜色。
> 大海,感谢你频频溅起的浪花,
> 我俯视,
> 心头涌起无限的喜悦。
> 感谢你,晨星,
> 感谢你,黎明。
> 感谢你,吹向太平洋的微风。
> 感谢你,世界,你给了我——

孙道临自述

这么多晶莹的友情。

1982年1月,我和北京电影制片厂《一盘没有下完的棋》中方摄制组的朋友们一起搭机去日本,参加该片日本外景的拍摄。在机上,望着舷窗外开阔的云朵,心情格外舒畅,不禁信手在笔记簿上写下了上面的诗句。

从1980年秋接受这部影片的拍摄任务到这时,已经一年有余了。在这期间,和日本合作者共同修改剧本,几经反复,有时甚至觉得那难题是无法解决了。日本导演佐藤纯弥先生和编剧大野靖子女士等人多次从日本飞来北京,和我们仔细磋商。困难并没有使我们和这几位日方合作者们气馁。在一起进餐时,大家往往举起杯,相互大声说:一定要把这盘棋"下"下去!而当工作略感顺利时,还会笑逐颜开地说:等这盘棋"下"完了,再"下"另一局,要世世代代"下"下去!

的确,这部影片拍摄的本身,就是中日两国电影工作者之间的一盘友好棋局,甚至,从更大范围来说,也可说是两国人民之间的一盘友好棋局。影片通过中日两位棋手的遭遇,描述了普通人的命运。从20年代到50年代,故事跨度长达30年。在这一时期中,两位棋手的生活历经波折,但他们遇到的最大、最急骤的变化却是在中日战争的八年中。影片揭露了日本军国主义者的罪行,通过动人的情节使观众感到:不能再让少数人支配我们的命运,摧毁我们的生活。一切善良正直的人,携起手来,消除灾难的根源,创造美好的未来!

经过一年多的努力,终于能和北影的三十多位同志一起飞越大洋,开始拍摄工作了。作为这部具有深远意义的影片的参加者,心情怎能不像舷窗外飘浮的白云一样轻快!

在日本外景开始前,由中日双方合组的摄制组在东京饭店举行了盛大的招待会,出席的有三百余人。双方的制片人汪洋、德间康快;双方的导演和演员佐藤纯弥、段吉顺、三国连太郎、三国佳子、绀野美沙子、黄宗英、我、沈丹萍、杜澎、沈冠初等人都参加了这次盛会。这以后,日本的报纸杂志和广播电视都争先报道,因此,对于影片的故事和主旨日本人民是熟悉的。

在日本两个月的拍摄工作给我留下大量美好的回忆。在风光如画的热海,著名的温泉饭店为拍摄"天圣战"场景提供了最好的面海房间和一切方便。拍摄镰仓海滨场面时,只有三四个工作人员的少年宫为我们几十个人烹饪了可口的午餐。在丹后,一对居民老夫妇把整洁的客室让出来供我们休息和接待记者采访,还不断照应茶水用具,还拿出纪念册来,笑吟吟请我们签名。影片中日侨归国的海轮上的场面是在横滨港的海面上拍摄的。从汽艇登上海轮,需要攀登十来米长的绳梯。那天凄风苦雨,绳梯湿滑而又摇曳不定,时有坠海之虞。群众演员中有不少八九岁的儿童和老年妇女,他们都井然有序地攀登上船,毫无难色,这天的工作从早上一直到下午3时许才结束。人们衣裳单薄,雨却一直下着,2月的海风异常寒冷。他们在被指定的地点静坐不动,手冻僵了,脸冻青了。老妇蜷紧身体,成年人搂着颤抖的儿童。没有人抱怨,没有人随便离开现场,甚至也没有人要求喝一口热茶……这样的景象是动人的。它使我看见了日本人民的刻苦精神,也看到了他们对再现历史情景的认真态度。

日方美工师木村威夫先生很巧妙地利用了东京郊外一座工厂的废墟,布置起战后日本的黑市。这是日本部分戏的重点场景,约三百名业余演员扮演其中各种各样的人物:摊贩、流浪者、伤兵、乞丐、妓女、赌徒、流氓……生动地勾勒出日本战后的嘈乱景象,侵略战争给人民带来的灾难。在拍摄工作间歇中,他们走过来和我们闲谈。打手势不够用,就拉来翻译,然后热情地和我们一起拍照留念。

影片开始时战后的上海街景是在上海乍浦路桥及浙江中路等地拍摄的。那儿是市中心区的要道。为了保证拍摄进度便暂时断绝了交通。附近居民帮助维持现场秩序,并纷纷穿上旗袍、西装和长褂,扮演各式各样的行人。在拍摄期间,商店只能停止营业,为此减少的收入额是相当大的,但是他们一点也没有索取。当日方制片人德间康快听到这情况时,激动得流下热泪。

无锡是中国部分戏的重点拍摄地。中方美工师晓滨同志选中了我们住地附近的两家民宅作为况易山家庭的实景。其中有一家还要根据影片的需要,进行多次拆损和破坏,以体现出侵略战争所造成的满目疮痍的气氛。对于房主来说,这当然不是件愉快的事情,然而他爽快地答应了,还说:好,这所房子我不预备再用了,就这样保留下来,作为拍这部影片的纪念!这位退休工人在拍摄工作进行时,一直在现场照应着,缺少什么道具和服装,他马上给拿来。望着逃难打扮的黄宗英,他和邻居们笑指着她说:对,阿明娘(黄扮演况易山的妻子,他们的儿子叫阿明)!东洋人来的时候,就是这个样子!他们还向我们详细讲述当年日本侵略军的暴行,讲述他们这条巷子多年来的巨大变化,大大增强了我们表演时的真情实感。

这些事并不惊天动地,它们是那么平常,但是我却觉得还有许多小事值得记述下去。事隔十年了,今天,当我在整理稿件,把当时写的两篇文章并一篇的时候,在我眼前却浮现着那些参加这部影片创作的人的笑脸,心头升起一股暖流。他们国籍不同,来自四面八方,和我们素不相识,但是处在他们中间,我却时时感到他们火热的心肠。对于一部影片,他们的态度为什么都这样热切?我想,只有一个回答,那就是影片所讲的故事牵动着他们的心,和影片中的主人公一样,他们都希望过去发生的那罪恶的战争不再来临。

日本同行们在制作这部影片时所流露的热情,给我的印象就更深了。日方导演佐藤纯弥在拍摄这部影片时的心情,在《佐藤纯弥二三事》中我也写到了。这里,我只想再讲一件事:影片需要一些过去拍摄的记录日本侵略军暴行的镜头,插在当中以增加真实感。一天晚上,我们放映了一批从旧新闻片中选出来的镜头。看完之后,我看见那些日本同行们都低着头,一声不响地走出了放映间,显然,他们是为那些日军残暴的镜头感到震惊、可耻。事后,据中方导演告诉我,他曾问佐藤应选哪些镜头。佐藤答道,请你挑吧,不要放过那些最残酷的镜头!

饰演日本棋手松波的著名演员三国连太郎先生曾经多次辞却国际拍片的邀请,但对于参加这部影片的拍摄却引为一生的光荣。影片中松波在解放后来中国和况易山相会表示深沉的忏悔那一场,他长时间跪在地上不起。他说,前面的戏我需要去"演",现在这些戏他不需要去"演"了。是的,前面的松波豪放不羁,有时甚至是乖张,而现在我眼前的松波却似变了一个人,他跪在我(况易山)的面前,愧疚地低声嗫嚅着,讲述着在战争时,况的儿子阿明是怎样在日本惨遭不幸的。他跪在那里,就是在等待下一个镜头的拍摄时他也不起来。我知道,他在努力全身心地投入角色……在北京团城内拍摄解放后中日青年围棋比赛的场面时,备尝过生活辛酸的松波望着这情景,喃喃地说:不管怎样,阿明的死将永远是我心头的负担!这时,三国连太郎的声音哽咽了,眼里涌出热泪。我凝望着他,也感到一种难耐的激动。因为我记得三国先生说过,虽然自己年轻时是反战的,但仍旧被迫当了兵,跟随日本占领军来到中国。因此,对于中国人民感到深深的歉疚。现在,他痛楚地流着泪水,这是剧中人松波的泪水,也是三国连太郎先生本人的真挚的泪水。

我记起鲁迅先生在1933年曾写过的一首《题三义塔》的诗。那正是在上海"一·二八"抗击日本侵略军后不久,闸北一个叫做三义里的里弄被焚毁了,一位日本医生战后在那里拾得一只丧家的鸠鸟,带回家去饲养,不久鸠鸟死去,这位医生建了一座塔以藏鸟尸,并向人征求题咏。鲁迅因作《题三义塔》诗以赠,其中有这样的句子:"精禽梦觉仍衔石,斗士诚坚共抗流。度尽劫波兄弟在,相逢一笑泯恩仇。"

精禽衔石,大概用的是《山海经》中名叫精卫的鸟儿衔石填海之意吧。

可以这样说,我们的日本同行是带着精卫填海的精神来拍摄这部影片的。当时,正是日本文部省篡改教科书,企图抹杀日本发动战争的侵略性质,因而遭到我们和许多国家谴责的时候。在日本国内,一方面军国主义者的喧叫声尘嚣甚上,另一方面也有不少有识之士像鲁迅先生所说的"诚坚共抗流"。《一盘没有下完的棋》的日方制片人德间康快就曾指出,教科书问题"是随着日本社会存在的一股逆流而出现的"。佐藤先生也指出,日本文部省做法的背后"隐藏着复活'国家主义'的危险倾向"。而他们这种"抗流"的精神在《一盘没有下完的棋》这部影片中,不是也得到了充分的体现吗?

作为一个演员,三国连太郎先生在我们国土上洒下的泪水,对我来说更是难忘的,为此我曾经赠给他这样一首小诗:

劫波历尽鬓如雪,心潮不断故帆轻,

衔石填海精禽志,地老天荒赤子情。

从中日双方的制片人决定合拍这部影片开始到最后完成,前后经过三年的时间。在这三年当中,原定的日方导演中村登先生逝世了（他所拍摄影片《生死恋》是为中国观众所熟悉的）。原来准备饰演中方主角况易山的赵丹先生逝世了，后来，原定的日方制片主任也逝世了。三年真是一个长时期啊，但由于双方制片人和工作人员的坚定信念，这部影片终于完成了。这是一个动人心魄的棋局！观众们为它的真实感和激情而感到震动。在华盛顿，美国电影艺术协会以这部影片作为协会秋季首映式的节目，它是第一部被协会选做首映式节目的外语片。在加拿大蒙特利尔国际电影节，它获得了大奖。

这盘棋下完了，再下另一局吧，世世代代下下去。我这样地盼望。

华盛顿一晚

《一盘没有下完的棋》在美国的首映

影片《围棋大师》（*Go Masters*）就是中日合拍的《一盘没有下完的棋》。这部影片在美国发行放映时，大概是为了增强号召力吧，美国发行人改用了这样的片名。

在全美发行放映之前，美国电影学会选择了这部影片，作为一年一度在华盛顿举行的"秋季首映"的节目。我和影片的中方导演段吉顺及日方导演佐藤纯弥先生应邀前往参加首映式。到后不久的一个下午，学会的常务负责人玛西亚·伍德小姐便约我们晤面茶话。我们饮着咖啡,无拘束地谈着。谈得兴起时,伍德小姐拿出了发行人所印的海报,兴致勃勃请我们一一在上面签名留念。她笑着说:这是我们第一次请演员在海报上签名。

这天,伍德小姐还向我们介绍了这次首映式的筹备经过。她告诉我们,她非常喜爱这部影片。每年秋季,学会都要选一部他们认为是优秀的影片,在肯尼迪中心举行一次隆重的首映式。但每年所选的都是美国影片。选外国影片举行首映,这还是第一次。在肯尼迪中心这样的美国文化(特别是表演艺术)的中心,进行这样一部中日合拍的影片首映,是件不同寻常的事,何况,这次首映还得到了美国新闻总署和通用电器公司的赞助,中国大使和日本公使都担任了荣誉赞助人,其意义和影响就更大了……

的确,首映式的进行情况充分说明了这一点。

这是 11 月 18 日的晚上,波多马河上飘来阵阵冷雨,然而坐落在华盛顿市区西南部的肯尼迪中心的大厅内却温暖明亮,笑声阵阵。从下午 5 时半起,参加首映式的客人便逐渐来到了。这座大厅,据称有两个足球场那样长,人们可以从这里,分别进入三个不同的剧场:艾森豪威尔剧场,它是供电影和话剧演出用的,有 1 100 个座位;歌剧剧场,可容 2 200 人;音乐厅,有 2 700 个座位。(在这个中心里,另外还有美国电影协会专用的电影院,以及可供室内音乐、歌剧及诗朗诵等表演的 500 个座位的小剧场。)

孙道临自述

《一盘没有下完的棋》是在艾森豪威尔剧场进行首映的。放映之前,在剧场前的大厅里举行了香槟酒会,人们在这里自由地交谈。靠窗口,坐着七八位穿着和服的日本妇女,弹奏着古琴,增加了不少东方色彩。我们的大使章文晋同志和他的夫人也盛装来临,并且热情地介绍我们和美国各界的朋友交谈。许多美籍华人也前来参加,他们亲热地和我们攀谈,并与一些新闻记者纷纷和我们拍照留念。

首映式由美国内政部长克拉克主持。在放映前,他做了简短有力的讲话。他说,这部影片不仅是电影史上的一个界标(Landmark),也是中日关系史上的一个界标。这部影片中的棋局,象征着中日两国人民对于和平和友谊的愿望。随之,他向全场观众分别介绍了中日双方的导演和我这个唯一来参加首映式的演员。我们每人都由一位专门人员陪同坐在前座。介绍到谁,聚光灯就打在谁身上,我们站起向热情鼓掌的观众们致意。介绍完毕后,我们一起通过观众席走到楼上2号包厢就座。我发现,在我们左面的1号包厢内,是章文晋大使和他的夫人,以及克拉克先生。在我们右面3号包厢内,坐着美国国防部长温伯格先生。在他身后,是美国电影学会的理事长英娜·金斯堡小姐。听说美国最高法院大法官这晚也来了,只是没有见到。

影片全部印有英文字幕。放映过程中,观众席极为安静,安静得使我感到几乎需要屏息以观。逐渐,当那些激动人心的场面来临时,观众席中又不断传来欷歔声。影片结尾,镜头从长城上空越拉越远,银幕上映出工作人员字幕,这时,观众开始热烈地鼓掌,掌声几乎一直延续到最后的结束……

孙道临!当我们走出剧场时,一个人在背后喊,那语言,显然是不太熟悉中文拼音的。我回过头,那是一位约有七十多岁的银白头发的美国老先生,他慈祥地笑着,拿出节目单请我签名。可惜,由于别的观众也纷纷聚拢向我表示祝贺要求签名,我来不及询问这位老先生的名字,但我将永远地记住那张富于童心的微笑的脸。在我一生中遇到的所有向我索取签名的观众中,他大概是年龄最长的一位了。

首映式是以450位来宾参加的宴会结束的。在宴会上,美国通用电器公司总经理乔治·斯塔沙基斯代表主人向大家祝酒,中国大使和日本公使分别致了答词。当章文晋大使说到这部影片表达了中日两国人民的友好愿望,它将对防止战争、促进和平起到积极作用时,他举杯邀请全体来宾,为世界和平干杯。这时,全场响起了热烈的声音:为世界的和平!

是的,也许首先是在这一点上,影片引起了强烈的共鸣吧!观众们告诉我们,影片使人重温了第二次世界大战的历史,这是很有必要的。尤其是年轻人不了解这段历史,看了很有好处。演员的演技是非常好的,有人认为它是看到的外国影片中最好的一部。他们预期,在全美放映时一定将引起更加热烈的反响!

但愿是这样吧!我觉得,这部影片是值得取得这样的效果的!虽然对我来说,这部影片已是两年前完成的旧作了,但当我再和美国观众一起观看它时,仍然不断地流泪。是由于剧中人的遭遇仍然激动着,还是由于它又唤起我在拍摄这部影片时的心情?我不知道。也许两者都有吧——中日两国的创作者用炽热的心灵表达着侵略战争带来的苦难,表达着历史的真实和对世界的未来的期望!包含着这样巨大的感情的影片,有什么理由不超越国界,打动其他国家的人民的心呢!

我愿这一生中,能再拍几部这样的影片!

在太秦映画村

我随中国电影代表团访问日本,时间虽短,感受却颇多。而对太秦映画村的参观,更给我留下颇深的印象。

"映画"是日语,即电影之意。映画村因其所在地京都的太秦驿而得名。

京都是日本一个最老的电影生产基地。许多规模较大的公司如东映、松竹等,都曾在太秦驿建造摄影棚。多年来,日本人民来此参观拍摄电影的一直络绎不绝。五年前,东映公司(日本最大的电影公司之一)就在这里扩建了一个电影村。在进行影片生产的同时,还公开售票,供人参观。

我们来到时,电影村各部门负责人早已在大门外等候了。在门内,竖起了"热烈欢迎中国电影代表团"的大木牌。映画村的总面积是6万多平方米,布置得曲折回旋,引人入胜。在户外,人们见到的,基本上是一些固定的场地外景,所搭设的是日本江户时期(约三百年前)的一些建筑。我们沿着一条小街走进了一座热闹的古代乡镇,镇街两旁是低矮的店铺,摆满货物,游客们可以在这里购买到纪念品、玩具,以及精致的手工艺品。走出镇口,便是座大木桥,桥下停泊着带着桅杆的帆船。下桥转过去,是一带宽阔的街道,这便是充满古意的城市了。商店里挂着纸灯笼,茶楼酒肆的门楣、窗格,都是重彩漆饰,显得绚丽夺目。有的门口还有盛装女侍,低首跪坐在那里迎接顾客。佩刀的武士和梳着高髻的妇女正在街上熙攘来去,热闹非常。原来,一部影片正在这儿拍摄场地外景,游客们站在绳圈外面,静静地参观拍戏。从这里向前,是达官贵人的府邸、森严的法庭、木栅内困坐着囚犯模拟人形的牢狱。在狱门旁还悬挂着各种古代刑罚的照片、火焚、五马分尸……不一而足,使你感到那样的时代绝不应再回来!不远处,有座小茶店,你可以在这里欣赏一下日本著名的茶道。从茶店望出去,可以看见那边一片宽阔明亮的池水。池水上并列着三座逼真的大模型——三个不同时期的日本渔港:古代、近代和现代的。这样,通过对比,你就又回到今天的现实中来,感到刚才的周游,是回顾了一下古代社会的生活和民俗,因而对这个民族的历史状况,有了较为形象的认识。

在这里人们对于电影拍摄也能得到进一步了解。想参观内景拍摄的人,可以走向一个大摄影棚,沿着楼梯走上去,透过玻璃窗，俯视里面拍摄的情况。这样，参观者再多，也不至于影响拍摄工作的进行。在一座电影试验馆内，放映着多银幕立体声的试验片。这是一个由五张银幕连接而成的环形宽银幕，给观众造成身临其境的感觉，比一般的立体电影效果更为逼真。在电影村里还有一座古老的剧场。接待者告诉我们，这是二百多年前的式样。走进去，楼上有幽暗的厢廊，楼下一律是长木板凳。然而舞台上却是张银幕，放映着介绍如何拍摄特殊场景的影片。风、雨、雾、雪……侠客如何飞檐走壁，羽箭如何响铮铮地钉进树干，枪弹又如何打进人的胸膛，淌出鲜血。

由于在这儿参观是这样使人兴味盎然，因此，天气晴朗的日子里，一般要接待1万多个游客。据负责人高岩先生告诉我们：这个电影村每年可吸引220万名游客，每人门票800日元。每年售票收入40亿日元，可以净赚8亿日元。东映公司在其他方面有亏损时，还要靠这项收入来补偿。无怪在一次会晤时，东映公司的总经理向我们介绍高岩先生，笑着说"他是我们的摇钱树"哩！

在这一点上，我们深深感到日本电影界朋友是善于经营的。本来，一家电影厂，经常会拍摄反映同一个时代的影片。譬如，20或30年代的老上海，不就经常是我们影片所描写的背景吗？拍摄这样的镜头，寻觅外景是相当困难的，有时勉强找到，也往往不够理想，还需设法弥补。为一部影片去搭一条街道，用完后就拆掉，未免所费太大。那么，为什么不能作为厂的基本投资，搭一趟质量好而又使用率高的街景呢？像太秦映画村里的布景,凡是以江户时期为历史背景的影片,都可以利用。这样,不但节约了成本,保证了质量,而且为城市增加了一个吸引人的旅游点。通过它,使游客得到形象化的历史知识和健康的娱乐,扩大了电影文化的影响,同时也给企业带来不小的利润。

给我印象更深的是这里的一些陈列馆。几个月前,这里新设了一个叫做"映画三泉"的陈列馆,里面挂着50部电影名作的图片。其中包括了自有电影以来的世界各国代表性作品25部,以及日本影片25部。每一部都标明了制作的年代、制作者和主要创作人员的姓名,还布置了一些剧照。馆门外,有一个喷水池,池壁上镶嵌着50块石刻,刻的仍然是这50部影片的名字和主要画面,这就加深了参观者的印象。

电影文化馆陈列的内容就更加广博丰富了。这里有当前日本电影制作的一般规程图表、日本电影发展概况史料等。而最使我感兴趣的,是几十位已故的日本电影艺术家的照片,照片下面分别写着他的生卒年月、主要作品的名字。玻璃橱里还安放着他们的部分遗物,包括他们常用的工具和文具、所作的书画、手稿,以及出版的著作等等。日本电影界的朋友们,对于一些有成就的电影界先辈,给予这样诚挚的追思和尊崇,其深情是令人感动的。这种感觉,在走进另一个馆——映画资料馆时,更加浓烈起来。这里有一项设备特别引人注目：墙上挂着一方京都地图的大模型,模型前有个长方盘子,排列着许多小电键,毯子旁都标有不同的已故电影艺术家的名字。你选择一个键子按下去,地图模型上就有一处小灯亮了,它指示你,这位已故艺术家的故居或纪念碑是在京都某个地方。由于很多知名的日本电影艺术家都在这儿工作过,根据这儿提供的地址,你可以随时去凭吊你所钦佩的艺术家,缅怀他生前的风范。通过这样的追思,可以激发后来者的奋发之情。太秦映画村的这种措施,是很值得我们借鉴的。

巴黎的第一印象

访法散记之一

在我们这里,应该是下午3时了,然而在巴黎上空,民航机的乘务员报告,这是早晨8点钟。飞机斜穿过浓重的、黑灰色的雨云向下降着。终于,我们看见了整齐的田野、蜿蜒的公路、一块块色彩斑斓的秋日丛林……雨云完全褪去了,法国以雨后的朝阳欢迎我们!

下飞机后,车子从西北方向驶进巴黎。司机是位中年人,卷发短髭,一套藏青哔叽短装,风度翩然。他热情地向我指路……再向前驶去,凯旋门出现在眼前了!司机告诉我,凯旋门的所在地叫做星座广场,从这里,有11条宽阔的马路向四面八方辐射而去。虽然车子只是绕着凯旋门一掠而过,然而它周围的景象却深深印入我的脑中了：那是连接着广场的一条马路的末端，行人道上铺着落下的梧桐叶，在雨后的阳光下，愈呈金黄。树下石凳上，一位老者安详地坐着。尽管这里已是市中心区，车辆连续不断驶过，然而它并不像某些现代化大城市那样，以一种急匆匆的节奏使你感到紧迫不安。不，的确不是这样，当车子驶上对着凯旋门的香榭丽舍大街时，这种感觉就益发鲜明了。

人行道是宽阔的。偶尔从商店的行列中凸出来的是几家咖啡店特意布置的茶廊。鲜艳的玫瑰或宝蓝色檐幔下，是明净的大玻璃窗。窗内咖啡座上顾客三三两两，有的在絮谈，有的在深思。街上纷纷沓沓的车辆是不会扰乱他们的，因为，在行人道和行车路之间，还隔着一条可以并排停放三辆汽车的停车道。

繁华而不喧嚣，热闹中透着从容，绚丽中又不乏恬淡情趣。这是巴黎市中心区给我的第一印象。

不仅是因为街道宽阔、安排得体，还因为有地下铁道调节了行人的密度，从街心也不会传来令人烦躁的喇叭声……还有一点，我发现是很重要的：街两旁没有占据天空夺去阳光的摩天楼！古旧的建筑一律被保存了下来，它们坦然相互依傍着，风格、线条显得朴实、稳重，唤起人们关于法国旧日文明的遐想和关于这个民族的历史和人民生活的回忆。巴黎人珍视自己的过去。这些被保存下来的建筑是他们长时期的创造和斗争的见证！

站在香榭丽舍大街上向东南方展望，它一直通向协和广场，通向瑰丽的艺术殿堂罗浮宫。这景象使我想起在哪儿读到过，巴黎是一个具有三千年历史的古城。是的，巴黎人在精神文明上是富有的，它们有着值得骄傲的历史。而目前呢？我眼前又闪过凯旋门旁梧桐中静坐的老者，咖啡店中凝视着街景的茶客……今日的巴黎人，在纷乱中沉思！

"复兴的钟声"

访法散记之二

把行李放进旅馆的休息厅，还没有来得及把它们提进自己的房间，就已经有两位记者先后来访问了。其中一位是法国第一电视台的杜博瓦夫人。她是在中国天津长大的，说得一口流利的中国话。她兴冲冲地告诉我们，关于今晚将播放的"中国电影周"的专题节目，她已经全部设计好了，现在要把对我们进行采访的一部分，先和我们研究并"排练"一下。

15分钟后，她便带着我们来到行将举行中国电影周开幕式的影院。在影院前厅，电影周放映的新片的海报前，她带来的摄影师拍下了她向我们采访的镜头。接着，她又和我们走向不远的香榭丽舍大街，准备拍摄我们在街头观光的情景。由于事情进展得愉快和顺利，她在半途中兴奋地和我们闲谈。像对来自故乡的人一样，她叙述着来法的经过，介绍说她现在还在进修中文……说真的,虽然初次见面,我和你们就好像在哪儿见过一样,像老朋友。她热情地说。因为您是在中国长大的!我说。不,不!她认真地分辩,不完全是因为这个!带点沉思的神情,她继续说:好像我们之间有许多共同的东西……

和杜博瓦夫人也就只此一面,然而与她几句简单的对话却使我思索了好久。特别是,当我想到,和中国一样,法国也有着数千年历史,作为同样古老文明的国家,两国人民之间的确会存在着某种精神上的亲近感吧。

这种亲近感,应该通过相互间的了解而得到发展。毫无疑问,法国的朋友们是懂得的,电影是促进人民之间相互了解的有力媒介。

法国新闻界的朋友们纷纷写文章评介"中国电影周"放映的影片,有赞扬,当然也有坦率的批评。《世界报》在第一版登载了著名电影评论家巴龙塞利的文章。这家报纸的第一版一般是只登载重要政治新闻的,现在这样做,显然是破格的举动。在对我们的四部故事片做了细心、友好的评价之后,巴龙塞利先生这样写道:中国经过"文化革命",影业……从过去到现在,曾经长夜,在这长夜中百花凋谢,万马齐喑。但现在,复兴的钟声敲响了。

复兴!在其他报纸中不是也有类似的提法吗?在《法兰西晚报》、《解放报》以及法新社所发的文章中,在介绍中国电影现状的同时,也分别运用了"苏醒"、"复兴"、"复苏"这样的字眼!

苏醒,复苏,复兴!不约而同地写下这些字眼,不正充分反映了法国朋友们的心情吗?对他们来说,在法国第一次举行的"中国电影周",不仅是艺术的展览,而且意味着两国人民增加了可喜的接近的机会,他们要借此机会表达对中国人民的关切和期望!

是的,正像有些报道中所说,中国影片引起了法国观众的极大兴趣。但是,切盼更深刻了解的法国朋友是不以此为满足的。巴龙塞利先生在文章的末尾写道:1979年中国生产了65部影片,1980年85部,是这些影片引起我们的好奇心。而我们感到遗憾的是这次电影周只允许我们看到其中的一部!

提出这看法的不只是巴龙塞利先生一人。是的,这次"中国电影周"放映的四部影片《林则徐》、《舞台姐妹》、《早春二月》和《瞧这一家子》中,只有一部《瞧这一家子》是"文化大革命"后拍摄的影片。当然,过去的影片也是有助于相互了解的,但我们的法国朋友完全有权利要求通过更多的影片了解我们国家今天的状况。

而我们,也完全应该推出更多更好的影片,告诉世界上的朋友们,我们是怎样地在"苏醒",在"复苏",在"复兴"!

法国人民向我们微笑

访法散记之三

法国人民向我们微笑。

首映式的请柬是由法国政府对外关系部部长及文化部部长联名发出的。影院大厅满座,还有不少站立的观众。有不少国家驻巴黎的使节也出席了。当主持人维奥先生(法国电影中心主任)把我国驻法大使姚广同志介绍给观众们时,全场响起了欢快的掌声。维奥先生两年前曾访问过中国,对我们的国家有着深挚的情谊。他所致的开幕词和代表团团长陈播同志所致的答词表达了双方的友好感情,和通过电影交流进一步加强这种感情的愿望。首映的影片是《舞台姐妹》。法国朋友们是不是能理解和接受我们的影片? 在法国举行"中国电影周",这是第一次啊! 当我们接受了主人所献的鲜花回到观众席坐下时,心里是有些不安的。我们坐的是第一排,无法见到观众的反映。然而在整个放映过程中,可以感到观众非常专注和安静,影片结束时,人们热烈鼓掌……

这是罕见的情况! 当我们走出影院时,负责接待的沙马先生展开双臂,向我们走来说: 法国观众看电影,一向是不鼓掌的! 是的,情绪的确很不错,不少人留下来和我们握手祝贺。法中友协的负责人贝隆先生曾经在我国工作过数年之久,他对我们说: 这是部好片子! 在中国时没有看到,这次算是补上了。一位在对外关系部供职的先生拉了位翻译找陈播同志: 我一定要向您表示我的祝贺。他郑重地说: 我很少进电影院,然而你们的影片吸引了我。演员既演戏中戏,又演戏外戏,演得很好。影片一定会在法国观众中受到欢迎的。

从巴黎出发,我们相继访问了北方城市里尔,偏南方的城市里昂,以及著名的大学城波瓦蒂耶。每到一处,省和市的负责人都分别举行酒会来欢迎我们。有的还在省政府大厦上悬挂起五星红旗。在当地负责接待的法国电影中心和发行放映单位的先生们,热情地把我们介绍给观众,并且亲自陪同我们座谈、参观、访问。当地的报纸纷纷刊载代表团活动的消息和照片,电视台和广播电台及时播放我们到来的采访节目。无怪乎,即使我们到农村去,农民和修路工看到我们,也像遇到熟朋友一样和我们打招呼、攀谈。他们微笑着说:我们在电视上看到你们了!

在里尔的访问,尤其难以忘怀。由于那儿法中友协朋友和华侨们的盛意,短短的两天,我们几乎完全沉浸在友好的深情之中。在法中友协的会员中,有教员、工人、医生、店员,也有正在攻读学位的学生。他们和我们开圆桌会议,交流两国电影事业的情况;他们自己凑钱举办冷餐会招待我们,并赠送精选的法国电影资料;他们把全体观众组织起来,在首映电影散场后,留在影院中和我们座谈到午夜12时半!为了使我们更深入了解法国人民的生活,还特别由一位会员(牙科医生)出面,请我们到她家中吃晚饭,和她全家人结识畅谈……在所有的这些活动中,都可以见到一位朴实的五十多岁的妇女:棕发,薄薄的咖啡色大衣,近视眼镜后面和善地眯着弯弯的眼睛,红润的脸,诚挚的微笑。她是里尔法中友协的负责人柯立施夫人。别人告诉我们,她在一家中学担任哲学教员,她把业余时间全部献给了法中友好活动。她说:这是她一生的精神支柱。是的,我们一到里尔她就来旅馆迎接了。当向导带我们参观本城古迹时她也悄悄伴随着,走了一个上午。在那些座谈会和晚宴上,她总是推出别人来主持,而自己则默默地照应那些繁琐的事务。离开里尔的前夕,我们在午夜以后一时才回到旅馆,服务员告诉我们,柯立施夫人在这里等了很久,因为明天一早她有工作,所以特地来这里等着和我们话别。由于时间实在太晚了,驱车回家还有很长的路,所以她只好留下话来表示惜别之意。这种盛情将永远留在我们心中。

从外省回到巴黎,已经是我们来到法国的第九天了。我们的影片也跟着转回来,继续在巴黎上映。法国朋友告诉我们,在巴黎,电影周影片的上座率是一部比一部上升的。很多法国朋友都是赤诚的,对我们的电影有称赞,也有批评。我发现,他们在说这些话时,脸上总是浮现着诚挚的微笑!

关于法国电影业的一点印象
访法散记之四

你们有多少电影厂?有私营的吗?在法国,人们时常这样问我们。

中国电影代表团出访法国时,先后到巴黎、里尔、里昂、波瓦蒂耶四个城市进行访问,和法国观众、电影工作者、新闻、电视、广播工作者以及各方面人士做了广泛的接触。他们对中国电影的现状非常关心,而对我们电影事业完全属于人民及其蓬勃发展的情况,更为发生兴趣。当我们说道:在许多城市中,电影院虽多,但常常不能满足观众要求;一些受欢迎的影片,往往要从早晨6时就开始映第一场,最后一场则在午夜散场。听到这里,他们新奇地笑了。当我们说:城市里的票价每张三角左右,约合一个法郎;在农村看一次往往不到半个鸡蛋钱,他们又笑了。当他们听到:我们受欢迎的影片,放映两年,观众超过一亿人次。有的影片,在一个大城市内首映两个月,观众有270万。他们再次笑了。

是的,在法国观众看来,这些情况和数字是不可思议的。法国电影企业基本都是私营的。近年来,美国电影在法国大量发行,使法国电影在本国市场相应变得萧条,呈现出不大景气的状态。由于观众不多,影院都把原来有一千多个座位的放映大厅隔建成三四个,每天分别上映三至四部片子,观众可选择自己想看的影片购票入厅。采取这措施后,每上映一部影片,便可多招徕一些观众。影院大都每天上映四场,票价昂贵,头轮每张20～25法郎不等。由于星期一观众特少,这天票价降低30%,以便吸引一些经济较为拮据的观众。

法国朋友告诉我们,在他们那里,最卖座的还是美国电影。为了和美片竞争,有些制片商不惜巨资捧明星、大肆做宣传。我们在法时,有部叫做《职业者》的影片正在上映。它是由走红明星贝尔蒙多主演的。在巴黎市区,到处可以看见贝尔蒙多挺直身子高举手枪的大大小小的海报。此片制片费用2,500万法郎(一般中等影片制片费800万法郎),宣传费用另加250万法郎,等于制片费的十分之一。据说,有些影片的宣传费用,还大大超过这个数字。当然,像这样的"壮举"为数不多。一般较能引起观众注意的影片,在巴黎首轮放映,也不过五六万观众。因此,听到我国影片拥有那么多观众,他们的惊讶是很自然的。

在法国,除了那些追求票房价值的影片商,也还有一种影片是被称做"作家电影"的。据称自五六十年代"新浪潮"运动之后,法国电影来了一次大爆炸。在艺术上有所追求的导演们各自探索不同表现手法,流派很多,不可胜数,因而被笼统地称为"作家电影",以区别于那些单纯追求票房价值的影片。其中,1980年制作发行的《最后一班地铁》,曾夺得当年法国凯撒电影奖中编剧、导演、演员等五项大奖,是近年来法国影片中突出的作品。这部影片的导演弗朗索瓦·特吕弗曾以《四百下》、《米尔和吉姆》等影片闻名于世,是"新浪潮"运动中的一位主将,也是近年来法国最著名的导演之一。我们知道,最近有不少现代派的法国导演,从过去的非情节化转向重视情节,特吕弗的这部作品就是一个重要标志。它通过一个具有动人情节的故事歌颂了法国艺术家的民族气节和忠于艺术的品质,叙述方式采用前进式,镜头的运用上是较朴素自然的,并无那些晦涩难解的"意识流"等技巧,在环境和人物的刻画上也力求真实和具有时代特色。影片在去年公映后受到观众欢迎,这次我们到巴黎它们正在放映,影院虽小但观众们颇踊跃。从非情节化到情节化的转变,显然,对于法国电影艺术家来说,是能够争取到更多观众的。

怎样使法国电影艺术摆脱票房价值的束缚,而又能在广大观众支持下得到健康发展?这大概是目前许多法国电影界同行们面临的一个重要问题吧。在谈到法国电影工作者的处境时，一位中年的法国导演不只一次地用了"悲惨"这样的字眼。他说，许多导演七年才能得到一次拍片机会,对于青年导演来说,得到第一次拍片机会也许还不难，但如果片子不卖座,就很难得到第二、第三次机会了。对演员来说,情况也不见得好些。全法共有六千名左右演员,其中明星有十来位,他们的收入是高的。其他,则只有十分之一是属于某一艺术团体,有固定收入,另外的人就全看是不是能得到经常的工作机会,生活没有保障,失业者甚众。

密特朗担任总统后,政府方面正在考虑如何进一步关怀本国电影事业的发展,电影工作者们也正处在重新思考、期待改革的状态。我们热烈期望我们的法国同行能创造出更多的为人民群众欢迎的健康作品！

访美随记

4月15日,我应邀赴美考察美国电影事业现状。同时应邀前去的还有南斯拉夫、匈牙利、埃及、叙利亚、印度、墨西哥、丹麦等国家的电影工作者。每个国家邀请一人参加（其中只有匈牙利是两名）,共12人。大家在华盛顿会合后,由两位美国电影工作者陪伴,出发去旧金山、洛杉矶及纽约访问。

日程的安排是周到而紧凑的。除参加旧金山电影节及洛杉矶影展两个主要活动外,我们还参观了好莱坞一些制片厂和技术基地,参观了纽约的美国最大的摄影场阿司托利亚,访问了美国电影研究所,美国国会资料馆电影部等单位,还和一些著名电影导演、演员、独立电影制片者及电影评论家分别会晤座谈……尽管活动已是如此繁忙多样,日日马不停蹄,我们还忙里偷闲,游览了不愿遗漏的迪斯尼乐园。

在度过 24 天匆忙而丰富的生活之后,我个人又应夏威夷东西方中心的热情邀请,到檀香山进行了为期 4 天的访问,然后于 5 月 13 日飞经东京回国。

此次访问,是在我们的美国同行的热情接待下,自始至终在友好气氛中进行的。从具体安排此项工作的先生、小姐们,以至我所遇到的一些电影界同行,都是热情真挚的,他们以能够通过电影方面的交往,促进各国人民相互了解而感到高兴。一直陪伴我们的摩斯和华尔克先生都是独立电影制片人,他们周到地为我们提供旅途中的一切便利,耐心地回答疑难问题,经常自己驾驶着车子送我们出行,还为我们放映他们自己拍摄的影片,介绍他们自己的看法和经验。

在所有的活动中,给我印象最深的是和一些美国电影界同行的晤谈。80 岁的著名导演麦穆林以及其他著名导演和演员先后接待了我们,并诚挚地向我们介绍创作经验和美国电影现状。其中,1982 年优秀影片之一《判决》的导演鲁梅特先生还特地邀请我们到他纽约的寓所共进晚餐。刚完成了影片《暴风雨》(根据莎士比亚创作改编)的导演马祖斯基和《超人》的男主角克利斯多夫·里夫斯也赶来参加了。在烛光中进餐,大家无拘束地交谈。对电影艺术的热烈爱好和相互了解的愿望,使我们的初次见面就感到融洽而愉快。豪爽的马祖斯基大声向我说:让我们合作拍摄一部影片吧!我已经想好了一个题材——我和你在一家饭店进餐,两个人相互交谈,你谈美国,我谈中国……当然,这是他个人的愿望,但反映了他对中国、对中国电影的美好情谊。

此次去美,我携带了一部16毫米的影片《城南旧事》。在多次招待映出前后,我都和观众见了面,并回答他们的问题。美国朋友一致喜爱这部影片,许多人告诉我,通过这样抒情诗般的作品,他们看到了中国人的丰富感情。在檀香山的东西方中心,此片连放了三场。其中的夜场由于观众太多,不少人就在剧场内席地而坐津津有味看到终场,然后详细地提出有关时代背景和拍摄情况……在旧金山电影节上,还放映了《早春二月》,我也和观众见面并解答问题。一位年轻的美籍华裔姑娘对我说:影片真美!我爱上了中国。希望有一天我能到那里去。

将近一个月的访问,感受颇多。但其中有一点感受是十分突出的:电影交流是促进各国人民相互了解的好方式,电影工作者完全可以像蜜蜂那样,在人民中间传播友谊的花粉。

在旧金山排戏

我应美国旧金山美国艺术剧院之邀,于1988年9月上旬赴旧金山市参加他们为纪念奥尼尔诞生100周年的话剧《马可·百万》的演出,11月下旬回沪,前后两个半月,其中排练一个月,演出一个月共35场。这里姑且记下一些排练中的感受。

在旧金山,记者来访问或和观众座谈,他们常常要提这样一个问题:你感觉在美国演戏和在中国有何不同?

当然,生疏的、异国的舞台、观众和合作者,第一次用英语演戏,这对我都是新鲜的体验,紧张而又有趣。但就创作,特别是排练工作来说,确又并没有感到和国内有多大相异之处。如果说有,那也许是属于导演乔伊卡琳个人的工作特点:她并没有在案头工作上花费多少时间。在进入排练之前,先由美工师和服装设计师向全体演职员谈了他们的设想,然后由乔伊本人做一个简短的导演阐述,讲半个多钟头,内容大体上有三点:

第一,奥尼尔创作此剧是受了美国作家辛克来·刘易斯的小说《白璧德》的影响,剧中的马可·波罗是"白璧德式"的人物。

第二,此剧演出难度大,过去数度在美国演出,都未能引起很大注意。此次得到了加利福尼亚大学研究奥尼尔的专家波葛特教授的支持,他提供了原剧本中一些未经发表的部分,很有助于体现原作的主题。

第三,此次演出,想从全新的角度处理此戏。要突出它的讽刺意义,尽可能使人感到滑稽可笑,希望能使人感到:我们又发现了一个奥尼尔的新剧本。

在她谈过之后,全体演员对了两天词,就开始走大地位,动作起来了。

去美国之前,乔伊已和我通过几次信,她的这些基本想法,我已有所了解,对我理解这个剧本,确有很大帮助。因此,不做什么案头讨论就进入的排练,倒也不使我感到突然。何况,也的确有这样的导演,他们不善过多的理性分析,他们喜欢通过动作来抓取剧作的真髓,去塑造人物。乔伊原是个很有成就的演员,她演的奥尼尔的《啊,荒野》以及其他名剧,都是很得人望的。这样的工作方法,也许正是演员做导演的一个特点吧。

戏的情节并不复杂:13世纪,马可·波罗跟他的父亲和叔父来到元朝大都经商。元朝皇帝忽必烈汗原是希望他父亲能从罗马主教那里带100个贤人来和中国学者展开有关灵魂不朽问题的辩论的。罗马主教认为这是不恭之请,没有派人来。马可·波罗的父亲和叔父无奈,就抬出只有17岁的马可·波罗来搪塞,忽必烈汗见马可·波罗倒也颇有智慧,便把他留下,对他进行东方式的教育。待他长成,还加以重用,送他到扬州当总督……长成后的马可·波罗使忽必烈汗非常失望,一是因为马在扬州实施高压政策,横征暴敛,民怨沸腾。他完全无视精神的价值,成了一个十足的"拜金狂";二是因为库卡钦——忽必烈最钟爱的外孙女爱上了马可·波罗,而库卡钦公主又即将远嫁波斯国王。此时,马认为自己已发够了财,要求退休回意大利。而即将出发去波斯的库卡钦却突然提出:希望马可·波罗在回意大利时,能首先伴送她到波斯去,从大都到波斯,需要两年的航程。谁知道路上会掀起什么样的感情狂澜,会招致怎么样的后果!然而,为了不使任性的小库卡钦在远离故土前失望,忽必烈终于同意了她的请求……

第二幕第一场。在码头上,大船即将启碇远航了,忽必烈来到船上为库卡钦送行。一开场,便是忽必烈对库卡钦说的一大段话——

> 我得走了。(把她揽在怀里)该说的都说定了。小花儿,一切稀罕的事都是没法向人说明白的秘密。就因为这,人生注定了是孤独的。可我真盼望能有什么神力向我保证:我答应了你的请求,能给你带来幸福。哦,老傻瓜,我又惹得你哭了。……就当没听见吧,按照你自己的心愿去做吧。谁又能事先看清楚自己哪件事是做错了!反正一个人活着,不是快乐就是悲哀。……别哭了!就是现在,我也可以跟阿尔根(波斯国王的名字)取消你和他的婚姻。就是为这打一仗,也在所不惜!

排练了多少遍,演公主的沈馥(美籍华人)和我都觉得没有什么味道。我以一种惯用的告别时有些哀伤的语调读这段台词,听起来,总像是一个哲人对人生的幽远的冥思,或是对公主的长者式的开导。不,不,这时的忽必烈不应给人这样的印象!而且,两个人的感情都显得不够复杂,没有"戏"可看,不能从冲突中进出性格的光彩。

忽必烈说的"稀罕事"是指什么?乔伊似乎不解地问。

当然,这是指埋藏在库卡钦心底的爱情了。此时此刻,离别在即,忽必烈更加为自己钟爱的外孙女担忧了。在两年的航程中,库卡钦和马可·波罗的关系将向哪个方向发展?不论马可·波罗接受或不接受她的爱,都不会有好的结果的。

对,这是分别前的最后时刻了,今后不知是否还能见面。你说,要说的话都已说过了。那么,在这之前,我们究竟说了些什么?惯于思考的沈馥诘问着,眼里闪着思辨的光。

那么说,是要做一个即兴的小品了。虽然很少这样的经验,但我觉得有必要这样试一试。我(忽必烈)尽一切努力劝库卡钦不要让马可·波罗伴送她去波斯,脑子里挤出一切理由,口吻一忽儿软一忽儿硬。然而沈馥(库卡钦)顽强得很,她千方百计抵制,有时哀求,有时又任性得无可理喻。将近十分钟的对话之后,我们却感到无话可说了,谁也说服不了谁,随之,是一个长长的不愉快的沉默。

好,好,这一场戏就从现在开始吧!乔伊满意地说。

从这个不愉快的沉默开始,我抓住了忽必烈的不平衡的心理状态。就要起碇了,我该上岸了,但是,总不能就在这样不愉快的情绪中分别吧。在那不到两分钟的一段台词里,一忽儿安慰她,似乎是向她让了步,甚至替她作解释;一忽儿又有些懊恼,担心自己的允诺会给她带来不幸和痛苦;一忽儿又想还不如把她留下,恨不得把马可·波罗一刀杀掉。此时,他像一只在狂暴海浪中大上大下地颠簸着的小船,听任自己情感的驱使。用他自己的话来说:我是我自己的奴隶!他不再是一个沉思的哲人,他是一个任性的君主,同时又是一个无法使用自己权威的被情感所支配的软弱老者。最后,他不能不向库卡钦告别了:活着,这是一个人向另一个人能做出的唯一劝告!……如果你得到幸福,不要忘记我!

由于要掩饰内心的惶惶不安,止住自己的哽咽,在说"不要忘记我"时,我忽然用了极其严厉的,像发怒的君王吩咐侍从、长者威吓没有出息的女儿时的那种生硬、粗鲁的声音。

好,好,我喜欢你用这样的方式来传达此时此刻的感情。乔伊的声音此时很甜美。

我不知道……我耸耸肩:你觉得怎样,弗莱达(沈馥的西洋名字)?

很合乎忽必烈的粗犷的性格。沈馥沉思地点点头。

我摊开双手,无助地说:唉,我这个演员本来是李斯廉·郝华型的,真弄不懂,怎么被你们变成华莱士·比雷了!

排练场上的人都开怀大笑。

其实,我是在暗自得意的。李斯廉·郝华是个优雅的知识分子型的电影演员,在三四十年代,他演的罗密欧,《卖花女》中的黑堇思教授,《飘》里面的阿希莱,都呈现出一派沉静、睿智的风格。而同时期的华莱士·比雷则是以演粗野的莽汉闻名于世的。我在自己准备台词时,时常担心把这个满口哲理语言的忽必烈演得像个沉思的学者。现在看来,我已经逐渐抓住这个人物粗犷豪放的特点了;对于我自己,是个可喜的突破。

排练的日程是紧张的。然而乔伊总是从容不迫的样子。她常常像是不大明白似的,提出那样这样的问题,和演员一起摸索人物的形象。在第一幕第八场中,马可·波罗从扬州回朝述职,忽必烈对他在扬州的作为很为不满,但在对话时,却有时说出一些过分赞誉的话。难道这是出于真情吗?忽必烈对于马可·波罗是既不满又赞赏他搜刮民脂的才智吗?对于这个问题,乔伊不置可否,但却一味要求饰演马可·波罗的丹·瑞卡特目中无人似的在我眼前晃来晃去,洋洋洒洒地讲述他的一套积聚财富的诀窍。随着排练的进展,我越来越觉得眼前这个马可·波罗压根儿没理会忽必烈对他的指责,他极端自信,自鸣得意,以至于对自己弄钱的本领非常自我陶醉!这时,我才感觉到,忽必烈对他的那些赞誉原是一些反话,是一种不耐烦的揶揄和讽刺。妙就妙在马可·波罗对此毫无觉察,自我感觉仍然良好,这不但给忽必烈添上了一层诡谲的色彩,而且使两人性格对比更加鲜明了。

美国同行们很喜欢思考和讨论。演马可·波罗的丹·瑞卡特、演元朝老臣朱荫的兰道尔金以及演公主的沈馥,他们的戏都很吃重,往往不期而然地聚集在我的化妆间里,谈论对角色的认识,对戏的处理。说着说着,就拿出感情对起台词,动作起来。琢磨得有所收获,就满意地叹息说:有味儿,有味儿!丹·瑞卡特并不满足于把马可·波罗演成一个简单的拜金狂,他认为奥尼尔笔下的马可·波罗和忽必烈一样,也是一个具有强烈悲剧性的人物。一心追逐财富的结果,放掉了纯真的爱情,最后自己也感到无限空虚、迷惘。(的确,许多美国朋友对我说:美国人整天忙些什么?弄钱,弄钱!然而,生活是多么空洞乏味啊!)全剧的最后一场,库卡钦公主由于得不到她所追求的爱情,在波斯抑郁以终。面对她的灵柩,忽必烈无限伤怀。而与此同时,马可·波罗却在他的老家威尼斯,滔滔不绝地发表关于发展丝织工业的演说。在他讲到丝织工业需要孵养几百万条蚕虫时,人们只听到"百万、百万"这样的字眼。戏到此时结束,凡·瑞卡特(马可·波罗)开始还声嘶力竭地喊着"百万、百万",逐渐,声音越来越低,越来越显得空洞了。他的眼睛呆呆地望着剧场楼厅的黑暗空间,那里传来微弱无力的回声:百万……百万……

和同行们一起讨论这出戏的悲剧性,对我是极好的启示。固然,忽必烈汗追求精神完美而不得,却遭受着沉沦的物质世界带给他的幻灭和痛苦,这是一种悲剧;而马可·波罗,被物质欲望驱策着,无法停步,贪得无厌地积聚财富,最后不能不感到精神上的赢弱和空虚,这也是一种悲剧。也许,这是奥尼尔企图在这部作品中表现的人的劫难吧?在进行排练的日子里,我访问了坐落在丹维尔的奥尼尔故居大道别墅。望着他那阴暗的书房,窗外萧索的丘陵地,再听解说员讲述着奥尼尔晚年的孤寂状态,这个想法就更为鲜明了。《马可·百万》并不是一出历史剧,而是作者借题发挥之作,在剧中的马可·波罗这个人物身上,凝结着奥尼尔对拜金社会的诅咒,一种带有无限痛楚之情的诅咒。而他笔下的忽必烈汗,则笼罩着他自己的影子,涂抹着他的孤独和失落感。但,却又不失他对生活的深沉的爱恋和希望。

因此,《马可·百万》并不像某些评论家所认为的那样,只是一出浮泛的抨击拜金主义的讽刺剧,它还渗透着奥尼尔所痛切感到的人世的悲哀。

这样的认识,使我在表演最后一场——忽必烈哭库卡钦公主时,更容易引发出一种深沉的悲剧感,一种带有哲理性的痛苦……

一个月的排练是短暂的,然而它给我的回味是无穷尽的。饶有兴味地共同探索人物的精神世界,探索作品的奥秘,也探索人生。不断有新的发现,不断引起共同的惊奇和快意,这大概是艺术创造的最大享受,也是美国同行们和我都最为留恋的事吧。

首场演出的帷幕就要拉开了。我进入化妆间,惊奇地发现许多合作者给我写来的祝愿信。导演乔伊卡琳写道,你的来临使演出丰富了百万倍。和"李斯廉·郝华"和"华莱士·比雷"合作、特别是和孙道临本人合作,对我是个彻底的享受……丹·瑞卡特则写道:你是真正的灵感。……王尔德说:生活在真理中,啊,那是最伟大的生活——生活在真理中!演元朝老臣的兰道尔金写道:能有机会认识这样有意义的剧本并和你一起演出,我的感谢之情是难以用语言表达的。……能看你的表演,和你一起谈话,听你谈你的计划、你的梦想……这一切,都太奇妙了!沈馥写道:和你一起工作,认识你,真是奇妙的经验。让我们再次合作吧。生活,纵然它也有不少恐怖和艰辛,但你使它成为一个充满勇气、爱和巨大幽默的历程!

这些信里所用的惊人的大字眼真正使我感到惶恐和愧怍。然而,美国同行们这样率真的热情又不能不使我激动。他们并不像我们那样善于节制自己的感情。但,也就是因为这样率真的热情,才使我强烈感到:真正地对艺术的美的追求是可以超越国界的。

也许这就是为什么我感到,在美国演戏和在自己国土上演戏,并没有多大的相异之处吧。

在旧金山演戏

在我的书柜中,放着两本同样内容的《忽必烈汗传》。面对它们,我不禁又回想起在旧金山时的一些情景……

1988年中秋,我应邀到美国旧金山参加美国艺术剧院演出奥尼尔的话剧《马可·百万》。那是剧院为纪念奥尼尔诞生100年而组织的。

9月的旧金山凉爽、美丽,是最繁忙的旅游季节。从海滨街那边沿着陡坡直驶下来的缆车满载着游客,一路播散着欢乐的笑声和偶尔的尖叫声……然而,我却实在无心欣赏那山光海色。久已不演话剧,觉得舞台对自己是那样生疏,何况又是第一次用英语演话剧,第一次饰演忽必烈汗这样粗犷类型的角色,而且排练期只有一个月。有些事,常常在立意去做时兴致勃勃,凭热情给自己壮胆,到了真正着手进行时才知道真是困难重重,不得不硬着头皮闯过去。这次似乎又是如此。别无他计,只有目不斜视,全力以赴!

戏终于在10月12日上演了。这不仅仅是《马可·百万》的第一场正式演出,而且也是剧院1988年10月至1989年5月整个戏剧季开幕的盛大演出。应剧院邀请来的观剧的客人每票250美元,演出前在帕特酒店聚餐,演出后就在剧场参加演职员的大型联欢会。虽然在此以前我们已预演了多场,但这样的夜晚,仍然不能不使人感到兴奋和紧张。

离演出只有一个钟头,我在自己的化妆间坐下来,突然发现桌上不仅摆着剧院送来的水果和鲜花,还放着许多封信件和一些小小的纪念品。那些信都是同台演员写来的,其中有70多岁的演主教的威廉派特逊,有12岁的演忽必烈孙女的阿吉扎,有演马可·波罗的丹·瑞卡特,也有演元朝大臣的兰道尔金……

他们的信写得那样真诚,充满鼓励和友好的感情。不能不使我激动,不能不使我感到,与他们携手同行一段人生的路程,是一种欢乐。那些小小的纪念品,有的是一张画着脸谱的纸扇,有的是一个寸把高的小蜡人、一支鲜花、一件T恤。万圣节将到,人们的习俗是赠送南瓜。那个淘气的小阿吉扎,就送来了一只拳头大小的南瓜,上面刻着"祝你摔断腿"那样的字句。当然,导演乔伊卡琳也送来了一封较长的信,表示了她对此次合作的感受和兴奋之情。拆开她的纪念品的包装纸,里面是一部我希望得到的《忽必烈汗传》!

有一天,小阿吉扎偷偷告诉我:我很悲哀!我问她:为什么?她说:演出就要结束了。

一个月的演出,很快就成为过去。最后一场也在观众掌声中结束了。谢幕时,我照例是最后一个退场,然而,当我向观众鞠躬致谢后,发现原在我之前退场的饰马可·波罗的凡·瑞卡特并没有走,他还站在离我不远的地方,并且有点诡异地对我微笑鼓掌。一会儿,从侧幕旁,导演乔伊卡琳走出来了,饰演我孙女(成年)的演员也重新走上台来了,他们依次和我拥抱。全体演员又都涌上台了,他们向我鼓掌微笑。小阿吉扎跑上台来了,给我一大把鲜花、一包一本书大小的礼品。乔伊卡琳向还在鼓掌的观众们讲话了,她代表剧院向我表示了惜别的深情……

在这样意外的场景中,我几乎怔住了。

回到住处,打开那包礼品,我又怔住了:那又是一本《忽必烈汗传》! 和乔伊卡琳送我的那本一样,同是罗萨比教授的作品。

真抱歉,我事后才知道,他们给你准备的纪念品,竟也是一本《忽必烈汗传》! 如果你不需要,可以转送给别人! 后来乔伊对我这样说。

离开旧金山时整理行装,需要带的书和资料太多了,我真想把后来这本《忽必烈汗传》转送给朋友了。但当我翻开那本书,两张扉页上竟密密麻麻地写满了各式各样字体的语句。几乎所有的演员,还有一些工作人员都在那上面写了简短的赠别词并签上了字。

看着这些热情的赠言,我的心怦然跳动。同时,我也似乎感到了我的美国同行的心脏的跳动……

现在,我看着这两本同样内容的书,我回想着在旧金山的两个多月的生活。旧金山是美丽的。在那里孕育的纯洁友情是更美丽的。

三访新加坡

1985 年春,国家文化部应新加坡中侨集团董事长林日顺先生的盛情邀请,特组了中国电影明星艺术团做访新演出,并委我为团长。那时,我正在上海编写反映孙中山先生 1923 年至 1924

年斗争事迹的电影剧本《讨贼大将军》(原是计划和已拍的《非常大总统》合为上下集,后因故只拍了上集《非常大总统》一部)。想起1984年第一次访问新加坡的情景,心头就涌起一股暖意。为什么不写一首歌词,请同去的中国电影乐团的同志谱成歌曲,在演出时唱一下呢?我推开写剧本的稿纸,写下了这样的句子:

> 你好,新加坡,
> 我来了,我来了,
> 满载着太平洋的暖风,
> 携带着长城下的委托。
> 你好,新加坡,
> 你好啊,新加坡!
> 苍翠的树林啊,请奏起弦歌,
> 漫天的碧海啊,请为我唱和,
> 因为兄弟般的感情,海样深,火样热!
>
> 你好,新加坡,
> 我来了,我来了,
> 我看见,诗一样纯净的城市,
> 我看见,热带少女的笑涡!
> 你好啊,新加坡,
> 我们都懂得人世的辛酸和痛苦,
> 我们都知道独立和建设的欢乐。

> 手携手,心连心,
>
> 让我们祝愿未来,
>
> 祝愿美好的生活。
>
> 手拉手,心连心,
>
> 祝愿未来,
>
> 祝愿美好的生活!

这歌词没有多大新意,思路也一般,然而我的感情却是真挚的。由于在这以前我已去过一次,因此,当笔下出现"你好,新加坡"这样的字句时,我脑中便浮现出那美丽、到处似映照着海光的城市,"苍翠的树林"、"漫天的碧海",还有洋溢着"兄弟般感情"的善良而充满笑意的人们。那里只有270万左右的人口,70%是华人。其中最多的原籍是福建,其次是广东。他们大都讲得一口流利的普通话,虽然也不免会流露出一些地方口音,然而比起我们某些省份中的人,他们的普通话却更为标准些。这就不能不使我感到意外和亲切了。

第一次访问,是在1984年,我们是以中国电影商务考察团的名义去的,邀请我们的也是中侨集团的林日顺先生。关于这位林日顺先生,我在1987年他逝世后所写的一篇悼文《无言歌》中,已说得不少了。应该说,从他身上体现出来的亲情,是最浓厚,最令人难忘的。那是新中国电影工作者第一次访问新加坡,为了这次打开两国交流之门,他做了很大努力。50年代,中国电影在新加坡有一个很好的市场,但在我们的"十年动乱"之后,重新赢得观众却很不容易了。为此,他不惜担负很大的亏损。面对这位常常穿着一件衬衫、一条已没有褶缝的西裤跑来跑去,亲自为接待我们而奔忙的有实力的企业家,诚挚的面容、朴素的语言,在感到亲切之余,我心头又不禁浮起敬意。

那次活动是经过精心安排的。访问、游览……一切井井有条。而给我印象最深的,是和当地影评人的座谈会,和一次规模较大的观众见面会。在这两次会中,新加坡朋友们对我们的电影事业提出了很多问题、意见和建议。他们说,从中国电影中,他们可以看到中国人民真实而广阔的斗争情景,这样的特色是从其他国家的电影中很少看到的,因而是很可贵的。但是,他们问道,为什么我们会看见,近来你们的影片中也出现了一些对西方颓废生活方式的拙劣模拟呢?对这样的影片,我们是不欢迎的。老实说,这样的诘责,我们访问别的国家时是没有听到过的。爱之深,责之切。他们的语气,使我们感到,他们是在把中国电影当做他们自己的电影一样地关切着。这里面,流露着深厚的亲情。

第二次访问,这种感受更深了。一步出机场,在欢迎我们的新加坡观众中便有一位中年人向我大叫一声,随即挤出人群,递给我一件纪念品。那是一本照相簿,上面贴满了我第一次访问时他所拍下的照片……我们明星艺术团在嘉东的丽宫剧场中演出了十天,观众反应异常热烈。每天我们到剧场去,就有不少观众早早在剧场门口等候着和我们见面。其中还有来自马来西亚的华人,五六十岁了,特地乘飞机从吉隆坡赶来看我们的演出。散场后,人们还久久不去!在剧场大厅等待着和我们合影留念。有一次演出半途中,剧场的变压器出了毛病,观众在黑暗中等了将近十分钟,但没有一个人退场,没有一个人发出不满的声音,他们静静地等待着,那耐心和礼貌是惊人的。几家大报纸每天用很大版面登载我们演出和进行其他活动的情况,也有不少评论文章,其中有一篇讲道,近来他们看到我们国内盛行西方化的流行音乐,颇为我们音乐的发展走向担心。但这次看到我们演出中颇具浓郁的民族特色,他们放下了心,并为之感到欢快。我们临行前,新加坡国家剧场的艺术总监陈先生特别举行宴会,为我们饯行,还再次强调了这一看法。这样的关切使我感到这里并不是异域,这里的人是那么贴心,那么亲人般温暖。

演出的最后一晚,我在开幕前先致了告别词。但是,仍感到意犹未尽,还有更多的感情要表达。在后台等待终场时,我又写下了一首《再见,新加坡》,在闭幕后向观众们朗读。事后,团里有的同志告诉我,他们看见,在我朗诵的时候,有些观众在拭着眼泪。

这第二次访问之后,一别就是七年。1993年,一位名叫区荣辉的新加坡朋友对我说,他想和中国方面合作出版一本庆祝中国国庆的书刊,一年一度,反映中国经济文化建设的成就,由他投资,并请中国的出版社进行编辑。当时我感到惊异,这样的事情,近年来好像未曾有过,合作的难度可能是很大的。但没想到这件事却很快在1993年实现了。为了扩大影响,区先生还决定在这年夏天在新加坡和香港举行新闻发布会,并邀请我和出版社的朋友一起去参加。这样,就有了第三次的新加坡之行。

当然,新加坡变得更精致美丽了。他们的当政者和人民一起像刺绣般地对待他们的国土。路旁葱绿幽深的林带、碧影掩映中的小屋、高层建筑群的和谐造型和色彩……华灯初上时分,远远望去,那楼群中的灯光映照着西天透明的晴空和斑斓的晚霞,令人心旷神怡。当我从报纸上看到,新加坡人正计划着运用高科技来把他们的国家建设成为一个"智慧岛"时,就更加为之神往了。

但是,同时使我怅然的,却是在我们会见的朋友中,独独没有了林日顺先生。他是在1987年逝世的。那时,由上影组成的电影明星艺术团正访新演出。如同第一次电影明星艺术团访新时那样,这位热心人同样是忙这忙那,亲自照料着演出中的庞杂事务。据那次参加演出的朋友说,甚至大家去飞禽公园游览时,他还亲自去买冰糕,大汗淋漓地送到每一个人的手中。就在那次,他突然病倒,终至不起。在病中,还嘱咐家人,不要告诉艺术团的朋友们,只说他是到印尼探视母病去了……想到这里,我常常感到黯然,我们失却了一个多么赤诚的朋友!

这第三次抵新后数日,他的长子林芳华先生送来请帖,邀请我参加他所主办的、在黄金大戏院举行的"中国国际获奖影片展览周"开幕式,并为之剪彩。那天,戏院里非常热闹。开幕式举行前,楼上前厅内举行酒会,宾客云集。我国中央电影局的滕进贤局长也率领一个代表团前来参加,团员有姜文、谢园、修晶双、孙淳等人。我们异地相见,格外亲切。在戏院中,我坐的座位,正好是我第一次访问时和林日顺先生毗邻而坐的座位。面对眼前欢乐的景象,不胜今昔之感,油然而生。但与此同时,又感到极大欣慰,因为他的后人仍旧在以锲而不舍的毅力继续着他所开创的事业。

开幕式后一两日,我接到一位早已相识的新加坡影评家的电话。我顺便问及他对开幕式上所映影片的看法,他沉吟了一下说,当然,在艺术技巧上,是很好的。但他过去也看到过中国所拍的类似题材的两部影片,他不明白,为什么前后已有十年了,这部影片所反映的时代,又是90年代,和前面两部反映旧社会的影片相比,调子没有什么变化,一切仍是那样沉重。另外一天,我和一位甚为相熟的老报人见面,他对这部影片也有相似的看法。他说,从心情上,作为身居海外的炎黄子孙,并不希望看见中国影片所表现的生活总是那样凄苦、郁闷,总希望能更多地看到明快、愉悦的一面……我想,也许正因为是存在着千丝万缕、难以割舍的亲情,我们的新加坡朋友才会说出这样的和某些西方人士不同的想法吧。

一个晴朗的早晨,中侨集团的陈伟庆先生驱车来接我。这是一位沉稳而又愉快的中年人。在我第一次访问新加坡的时候,日顺先生便曾请他驾车陪我周游整个城市。今天,他沉默无语,送我去谒访日顺先生的葬所。我们车过裕廊,进入山中,在离公路颇远的山坡上,我们遥见有二十余人静守在一座孤立的墓地上。走近去,我看见林芳华先生正和那些先生在碑前祭奠。一位先生读着长长的悼词,历数日顺先生对他家乡的贡献,墓地上充满着一种肃穆而诚挚的气氛。芳华先生告诉我,他们是来自他故乡福建省福清县的演出团,是他邀请他们来演出的。日顺先生生前曾为家乡的建设和福利事业做了不少好事,并曾投巨资在新加坡办了福清会馆,组织更多福清人关切家乡的建设。

当来自福清县的朋友离去之后,我独自站在林日顺先生的墓前。我应该说些什么呢?接过林芳华先生递过来的花束,我把它放在墓碑前,在心中默默独语:林日顺先生,谢谢你给了我和许多新加坡朋友相结识的缘分。如今虽然天地相隔,你的亲情我却永远不会忘记。在这青山环抱之中安息,你当不会感到寂寞吧!你定会欣慰地看到,人世间还有这么多的亲情!

记蒙特利尔电影节

加拿大第11届蒙特利尔电影节一共设立3项长故事片奖:美洲大奖由美国、日本和加拿大合拍的《小弟弟》获得,西班牙影片《我的将军们》获得评委特别奖,我国新片《大阅兵》获得评委奖。

孙道临自述

《小弟弟》是一部描写伤残人的影片。故事说在美国匹茨堡城,有个十岁左右的男孩自腰以下全部被截,仅依靠手、臂行走和生活。影片中的"小弟弟"就是由他本人担任。影片生活气息很浓,既刻画了某些人的冷漠无情,也歌颂了人间的温暖。影片不乏动人的富于人情味的细节。特别是影片结尾时,小弟弟为要弄清姐姐离家出走的原因,独自到另一城市去寻找她的这场戏,演得十分感人。可以说,这部影片的意义已超过了如何对待伤残人的范围,正常的人同样可以被这位小弟弟的乐观精神所鼓舞,从中汲取战胜困难的意志和力量。影片放映结束后,观众报以长时间的热烈掌声。当"小弟弟"被导演托在手中向大家挥手致意时,简直就是一座活的雕像,从他的微笑中,可以感到深沉的痛苦以及战胜痛苦的欢乐。

获评委特别奖的西班牙影片《我的将军们》,是写一些年逾不惑的将军们被召入学,学习现代军事科学的故事。他们中有的不愿学习;有的放不下将军架子;有的是鳏夫,经常违反校规夜出谈恋爱……他们和年轻的教员们展开了一系列喜剧性的冲突。情节虽是多元的,但线条清晰,层次分明,一些富于人情味的细节常常使人不禁失笑。特别是对白,凝练生动,俏皮活泼,富于性格魅力。由此我想到:也许我们的电影有时片面强调了视觉因素,而忽略了语言的魅力。记得有不少外国影片的对白是由专人撰写的,在海报上,他的名字甚至和编剧排在同样重要的地位。

我国影片《大阅兵》的独特艺术风格赢得了人们的赞赏，获得了评委奖。人们认为这部影片的导演、摄影、剪辑以及演员的表演都是高水平的。影片男主角王学圻代表剧组登台领奖时，用中、英、法三国语言说了"谢谢"二字，全场顿呈活跃。电影节的主持人告诉我，这部影片将是第一部投入加拿大电影商业发行网的中国电影，估计会得到广大观众的欢迎。

除了这三项故事片奖外，电影节还设有最佳男演员和最佳女演员奖及最佳短片奖。澳大利亚的李奥麦肯获得最佳男演员奖，苏联的库普琴珂获得最佳女演员奖。获得短片奖的是美国短故事片《擦鞋》和加拿大动画片《乔治和罗丝·玛丽》。对这次评奖，电影节的主持人罗赛克先生非常满意。他认为，由于这次电影节有 50 个国家的 2 500 名代表参加，而且获奖者遍布欧、美、亚、大洋洲的 7 个国家，因此，这个电影节充分地显示了它的世界性。对于这一点，他深感自豪。

蒙特利尔电影节上映出的影片的确是世界范围的。参赛的影片共 18 部，他们分别来自中、加、美、英、法、苏、意、日、南斯拉夫、匈牙利、罗马尼亚、澳大利亚、波兰、西班牙、阿根廷和以色列等 16 个国家，而竞赛放映出的长故事片达 200 余部，短故事片以及动画片约 100 部。其中包括了我国的故事片《孙中山》、《黑炮事件》和《盗马贼》。据说，此次电影节的观众已达到 30 万人次，大大超过往年。有不少观众是从其他国家赶来的。我在旅馆大厅就曾遇到一些观众向我征集签名，他们说，每年都特地从美国前来观影。

在电影节放映的影片中,有一点引起我的特别注意,那就是,政治性影片占了全部参赛影片的百分之四十,在观众中引起了强烈的反响。在我国有人认为外国(特别是西方)的影片不大讲政治,这显然是一种误解。

无言歌

纪念林日顺先生

在我的记忆中,将永远留存着林日顺先生的默默身影。

熟悉他的人都不会忘记:为了中新两国的文化交流,为了向新加坡人民介绍中国电影,增强两国人民的相互了解,他曾怎样怀着深情,默默地、辛勤地贡献着力量。

我曾经三度访问新加坡,第一次是1984年10月,中国电影代表团应林先生的邀请初访新加坡的时候。为了那次邀请,林先生曾经非常紧张地奔波,并做出了很周密的安排。在短短的几天内,他为我们组织了和新加坡各界人士的酒会、记者招待会、与影评家座谈会、观众见面会,以及各方面的采访参观等。通过那次访问,我们深深感受到新加坡人民的深情厚谊,了解到中国电影在新加坡的发行情况,新加坡观众对我们热情的期望与要求。他们真挚地赞美中国影片中所反映的鲜明主题和高尚情操,他们企盼我们能珍视和发展我们作品的民族风格,提高制作水平,赢得更高的国际声誉。诚恳的目光,亲如兄弟的感情和语言,使我们感到温暖,得到很大的鼓舞和启示。

也是在这次,我们开始了解林日顺先生的为人。

多年来,由于"十年动乱"期间中国影片对新加坡的发行已处于中断状态,"文革"前中国电影在新加坡备受欢迎的状态已不复存在了。年轻的新加坡电影观众对中国电影是陌生的,加以片源方面的困难,因此要想使中国电影在新加坡的发行重新打开局面,是需要毅力,也需要在财力上付出很大代价的。但林先生不计得失,决然挑起这副重担。邀请中国电影代表团访新,在新加坡,这还是个创举,也是他力图促进中国电影发行事业的一次开拓性措施。

代表团访问期间,在林先生所经营的11家影院举行中国电影的欣赏周。欣赏周开始的第一天,我们正在旅店内用晚餐,林先生匆匆赶回来了,他入座时神情是沉闷的,当我们问起他影院上座的情形,他只是简单地说了声:不太好。随之就把话题岔开了。显然,这是由于片源上的困难造成的。过了一天,影片换映《人到中年》了,同样是在吃晚饭的时候,林先生又匆匆赶回来,这回却是满面笑容了。他大声说:情况很好,又重新出现了五六十年代放映中国电影时的盛况,观众在影院门外排起了购票的长龙!

他带我们去参观他投资建造的黄金大厦,大厦的底层是影院。他的办公室在最高的一层,布置得相当雅致:纯白色的地毯,黑色的大办公桌,又高又宽的窗子面向碧蓝的大海。他告诉我们:这座大厦是二十多年前建造的,原想在发行中国电影方面大干一下,但建成后不久中国就发生"十年动乱",以至于他不能不使这座影院长期空闲着。他说,多年来,在发行中国电影困难时,自己就独自站在窗前,眺望大海,这样,就会感到心胸开阔起来……我望着这位五十多岁精力充沛的企业家:简单的衣着,淳朴的面容,眼中却流露出无限深情。人们告诉我,在发行中国电影事业上,长年来他往往一掷千金,毫无吝啬,但为了保持勤俭的家风,家中却没有请一位佣人。作为中侨集团的主席,几家公司的董事,他原没有必要这样做的啊!

初访新加坡,仅仅几天的逗留,竟使我们的心和他合拍起来了,好像我们和他一起分享着欢乐,分担着忧愁,而那牵连着我们和他的心弦一起颤动的,就是中国电影的成败了。

在代表团离新前夜,林先生主持了代表团和观众的交流会。大厅里的人挤得满满的,他们询问中国电影的现状,希望我们多拍华侨题材的影片,还有历史片、儿童片……希望我们努力使具有民族风格的影片进入国际市场。当然,对我们某些仿效西方、质量低劣的影片也提出了批评,他们那炽热的语言把我们的心烧得烫烫的,因此,在他们的要求下,献出我们未经准备的简陋的节目就成为不容推却的了。潘虹和龚雪分别朗诵了裴多菲的诗和伊索寓言,项堃和刘晓庆表演了《垂帘听政》中的片断,王馥荔引吭高歌《咱们的牛百岁》中的插曲,我则朗诵了何其芳的诗《我为少男少女们歌唱》。最使我们惊异的是:当我朗诵到"我的歌啊,你飞吧,飞到年轻人的心中,去寻找你停留的地方"这一句时,人们竟热烈地鼓起掌来了。这首诗,我曾在国内朗诵过许多次许多次,然而朗诵到中途就迎来掌声,这是从来未有过的。这是什么原因?我一时说不出,却只是惊讶于语言的力量,华语的力量!

第二天清晨,林先生送我们去机场,和孙长城先生及我同车。他好像还沉浸在昨夜的欢快氛围中,他向我们提出了一个令人兴奋的想法:希望明年中国方面能组织一个电影明星艺术团,到新加坡演出!他的话仍是那样简短而坚决。在和我们交换了一些意见之后,他又归于沉默,掉头凝望着窗外飞驰过的绿树。

那以后不久,他果然又到中国来访问,并正式向中央电影局提出了这样的邀请。

1985年6月,中国电影明星艺术团一行52人,终于束装就道,飞往狮城。和演出同时在狮城进行的,还有"中国电影展",影展中将放映《高山下的花环》等十多部影片。被林日顺先生称为"艺坛盛事"的这次举动,显然是又经过了他一番苦心经营的。(当然,新加坡国家剧场为了主持这次演出,也投入了很大热情和力量。)

中国电影工作者组织在国外专事演出,这还是1949年后的第一次。我们当中的大多数,也是第一次出国访问。然而一步出机场,观众的欢声立刻像热浪一样冲走了身临异国的陌生感。演出期间,无论是在剧场内外,在我们下榻的酒店大厅,以至其他各种各样的场合,新加坡观众都向我们表示了最纯真的友谊。他们中有连续观看十场演出的年轻姑娘,有几乎每天都来给我们拍照送照的白发苍苍的摄影爱好者,有来自台湾、马来西亚的观众……他们兴奋地拉着我们一起拍照,谈论着演出给他们带来的欢乐和感受。在这样的时候,林日顺先生经常在我们身旁,却又总是默默无言的。我们仅仅能从他的笑容、他的眼神中窥见他内心的喜悦。

这次演出所以能引起这样大的反响,除了由于海外炎黄子孙心底所潜藏的浓烈感情之外,一个很重要的原因是:林先生和新闻界的朋友们做了很细致的工作——演出团到来的前一个月,他们已经开始宣传了。一个月来,几乎每天报上都以显著位置登载大篇大篇的、介绍这个演出团及其成员的文章。当我了解到这一切,又较经常地和林先生攀谈,看到这个话语不多的人,对一些事物却毫不迟疑地表示他鲜明的爱憎的时候,对于他的性格,似乎有了更深的了解。

有一次宴会,是由他做东,请了新加坡几位重要人物来和我们晤面的,他正坐在我的对面,餐桌上的气氛是热闹的,有人向我们讲起,林先生不仅支持文艺活动,而且还担任了篮球协会的董事,拿出一笔不小的款子来支持体育事业的发展。这时,他却只是微笑着,缄默地低头进着饮食,好像他并不是这次宴会的东道主,别人所讲到的也不是他。我望着他,突然产生了一个想法:在我面前这个缄默的人,心底似乎有一支歌,一支炽热的爱之歌……

我们演出所在的丽宫剧场是他经营的。由于平时只放电影,后台是没有空调设备的,这给我们的化妆带来了不便。当他发现这一点后,当晚就购来几台空调机,亲自站在那里,默默地看着电工们把它们安装妥当。

离开新加坡那天,他也到机场送行。等到飞机起航后,我们却突然发现他也在机舱里!由于担心我们旅途上会有什么困难,他决定亲自送我们到香港。然而在起飞前,他却什么也没有告诉我们。

在这样的时候,我脑海中总会浮现出这个"讷于言、敏于行"的人,站在办公室窗前望着大海的情景。我仿佛可以听见他心底的那首无言的歌。

歌声啊,竟是那样的绵绵不绝!从我们那次演出之后,仍然是在他的邀请下,一次又一次地,中国电影工作者踏上那美丽的岛屿,和那里的亲如兄弟的人们一起培育着常青的友谊之树!而在他的心底回旋着的,还有更多更多的打算:合拍影片、科教片展览、美术片展览,以至第二次的上海电影明星艺术团的演出……

然而,对这样的歌者,命运竟是那样的不公平,竟在他的盛年骤然夺去了他的生命！失去了这样深情的歌者，在我心头萌生的，不只是惋惜，不只是哀悼，而是一种极为悲凉的失落感。为什么，他不能在世上做更长一些的停留？他本身，就是一首美好的、无言的歌啊！

使我感到慰藉的是，这首无言的歌并没有中断，在他去世后，他的家人们表示，今后将按他的遗志继续努力去做，而且不久，就抑制住悲痛，展开行动了。但这也就更使我怀念他这样的创业者。我想，也许正因为世界上有许多许多这样的人，尽管他们往往是无言的，世界却因为他们的感情和劳作变得更加热闹、动人、花团锦簇；生命也变得更加充实，更有价值，甚至使人感到它可以是永恒的了！

林日顺先生安息！

真情常在

怀念林同济教授

那是 25 年前的春天了，黄佐临先生告诉我，为了纪念莎士比亚的诞辰，有意在纪念会上演出《哈姆雷特》的几个片断，并约我到他家去和林同济教授等见面，共同商议此事。在黄佐临先生导演下，扮演哈姆雷特这个角色，是我多年的夙愿了。按照他的意思，可以先从这次的片断演出开始，经过探索和试验，以后再推及全本。《哈姆雷特》有过不少中文译本,但林同济先生是按照原来的以五拍无韵诗(blankverse)为主的形式译出的。林先生本人也愿意和我们一起通过排练演出来对他的译文进行加工。记得那次晤面之后,就选定了几个片断,而且很快,我就和章曼苹同志一起着手排练哈姆雷特和王后在寝室中那场戏了。

那次的排练试验,不久便中断了。原因是什么已不大记得了,也许是因为当时还在忙于拍摄影片,没有去细问吧。在那以后一个长时期,也就没有再和林先生来往了。

1978年初夏的一个晚上,我回到家里,家人说有一位老者来访过,留下个便条。看时,发现是林先生留下的。内容大致是说一别二十余年,"四人帮"粉碎后,他又重新关注起介绍莎士比亚的事来,很希望能与我一起合作,了却二十余年前的心愿。读了这样的便条,深受感动:路遥知马力,对于一位深知自己工作意义的人,风霜泥泞是无法改变其初衷的。长者的心态和热情,令人感佩不已。

我尽快地到华侨新村林先生的住宅去进行了回访。林先生已经七十多岁了,多少年来历尽艰辛,精神却仍是那么矍铄。他向我兴致勃勃地谈起了在我国加强莎士比亚研究的问题。他认为莎士比亚作品的研究和演出水平,标志着一个国家对世界文化的理解和尊重的高度,而且这样的研究和演出,在国际上的影响和作用,往往是超出文艺的范围的。因此,他正在向各方面积极呼吁,并倡议首先在上海成立莎士比亚学会,推动这样的工作。那时,我正在忙着一部影片的拍摄,而且,由于自己年龄和时间的局限,也很难奢望再筹划在哈姆雷特全剧中担任哈姆雷特这一角色了。因此,和林先生商定,就共同利用业余时间,先整理几段可供朗诵用的哈姆雷特独白。后来,得到中央人民广播电台文艺部同志的支持,先整理出的三段独白就作为外国文艺节目,由我在那里录了音。

再也想不到,这三段独白的录音,就成为林先生和我二十余年共同心愿所留下的唯一印迹!

幸得有些记忆还可以作为它的补充。时间隔得不算太久,研究这三段独白时的一些情景还历历在目。关于翻译和介绍莎翁作品,林先生有许多独到的见解,对我是很有教益的。当时,我发现他的译文中运用了不少句间韵,问他其中的缘故。他说,莎翁剧本中对白大部分是五拍无韵诗,因此,是诗剧,而不是一般话剧。他在进行翻译时,除努力保持原剧的分行每行五拍、行尾无韵以外,还考虑到中国和英国语言在音乐性上的差异。中国汉字是单音节的,读起来不像多音节的英文字韵律感那样强,因此除必须按原作保持行尾无韵之外,还得适当增加一些句间韵,使得它在吟诵时增加一些韵律感,诗味更强些。在译文的遣词用字上,他也苦心探求,怎样才更能传达原作神韵。例如第三幕第一场哈姆雷特"存在,还是毁灭"(To be or not to be)这段不朽的独白里有"To Sleep, Perchance to dream……"这样一句,林先生是译作"睡去,也许梦去……"的。研讨时,我觉得这样的译法离口语太远,就主张译作"去睡,也许去做梦……"但林先生坚持认为原来的译法较有诗意。他主张,在译文的语言处理上,就是要使人在读时,感到是不同于一般的明白的口语,而是带有高度韵味的诗句。他的见解说服了我,就按照他的意思录了音。从我个人感觉来看,这样做是比自己原来的想法更能收到诗的效果,而且也能更为熨贴地表达人物的内在节奏的。

翻译莎翁作品的另一个难处是某些字句的考证。数百年来,研究莎翁作品的学者们为了一些字句的真伪,曾写过不少论文。第一幕第二场哈姆雷特的独白,按照一般版本,是这样开头的:O that this too too solid flesh would melt……(哦,但愿这太过坚实的肉体溶解……)林教授认为其中的 solid(坚实)一字是讹传的,这一句应作:O that this too too Sullied flesh would reelt……(哦,但愿这污点斑斑的肉体溶解……)solid(坚实)与 sullied(被玷污),一字之差,所抒发的哈姆雷特的思想情感大不相同,所表达出的这一悲剧人物的人道主义精神也颇见轻重。

为了说明自己这一观点,以求一字之正,林先生曾用英文写了一篇专论,题目为《此词应作"被玷"》(*Sullied Is the 'Word*)。在这篇论述中,他运用了大量莎剧及其他文字著作资料,从莎翁对道德观念的理解、用词习惯、剧本铺叙的情势以及剧本的思想深度和广度等各方面,提出了丰富的论据,反复推敲,细密驳议,进行了切实而又生动的考证。虽然在这方面,我完全是个门外汉,但是读了林先生这样的文章,那一丝不苟的治学精神却不能不使我心折!

看到这一些,联系林先生在和我接触当中所表现出的那种谦和、热情的长者之风,使我不禁感到,在林先生身上,正体现着我国老一辈学者严谨的求实态度,锲而不舍的究真精神,那实在是非常值得我们这样的后学深深纪念和学习的。

文如其人。在不幸闻得林先生去世的噩耗之后,又听得人们告诉我,近年来,林先生的美籍亲人曾数度劝他到美国去安度晚年,可是他却回答:祖国不富强,我有什么心情去悠闲度日!啊,在热爱祖国这一点上,林先生也是怀着一颗同样的赤子之心啊!对于他,学术、事业、祖国是一个紧密不可分的整体!"十年流去天河水,洗出人间一点真。"这是林先生在"十年动乱"后写下的诗句。是的,不管经受多少劫难,对祖国、对事业的这点真情是怎样也不能泯灭的。在我眼前,仿佛涌现出前面提到的1978年初夏,这位七十多岁的老者亲自来到我居住的地方,轻轻叩击我家门时的形象,为了实现他那不能忘却的心愿,敲叩,再敲叩……伴随着那敲叩的,是一颗多么炽热的心的跳动声啊!这当然只是我的想象,却又显得那样真切,因为我知道,林先生就是这样,怀着炽烈以至是急迫的心情向我走来的!

林先生喜欢国画,更喜欢为他的友人的画题字。在朱屺瞻先生的荷花立轴上他曾题了这样的诗句:"知秋心独苦,无雨亦萧萧。"这无疑也是一种遣怀之作吧。我知道,不少热爱祖国的知识分子,都有一种思为天下先,因而不甘寂寞的心情。为了实现自己的理想,百折不悔,执著得很。林先生应是其中的一个吧。不幸,他过早地逝世了,想起他和他的未竟之志,一种沉重的惆怅之情压向我心头;然而,与此同时,却又似有一股力量在那里滋生。是的,一个率真地爱着自己的祖国和事业的人,是将把他的灵魂和力量留给人间,鼓舞后来者奋勇前往的。

洗心行

短短一周的、金色秋天中的河南之行,是令人难忘的。

在那异常晴朗的早晨,登临郑州市郊的邙山,眺望滚滚东去的黄河,是一次多么畅怀的经历!两岸莽莽平原,飞架河上的长龙般铁桥,再向远处看,大河在缥缈氤氲中穿越大地,光斑点点,蜿蜒、浩荡,直至山水朦胧处……从胸中升起的,是一种什么样的感觉?静穆、雄阔,似有我们民族的数千年生命之力注入我身,大河啊,你使我的血脉突然贲张了。

"不来峻极游,何能小天下。"当我怀着虔敬的心情来到嵩山之麓仰望太室峰,同样的静穆雄阔的感觉又来我心中。清晨,星辰隐退,太阳升起,那峭壁山岩,都像沉醉在似火霞光中,泛出一片绯红的颜色。有人曾对我说,看这带山峰,多么像横卧的智慧老人,俯视着人世变幻。此刻,这老人却不平静地焕发出生命光彩了。这简直就是我们民族、我们国家的象征啊！沧桑数千载，经受多少劫难、多少黑夜的沉睡和梦魇，现在，他又一次醒来了，他要振奋精神，抖却一切藤蔓荆棘的纠缠，驮载着他的子孙奔向天外之天！

使我产生这样联想的，还有个重要的因素：嵩山，是我国五岳的中岳！是的，来到这里，你会时时感到自己是来到了民族的心脏，会更敏锐地感染到祖先的情思。四千年前，英雄的夏禹死后，他的儿子夏启在河南召集四方酋长，把他统治的版图划为九州。今天的河南属古豫州，豫州居九州之中，因而又称中州，而这儿，嵩山的所在，又是在中州之中啊。访问这里，我们的第一个项目就是进谒周公庙。走进一座小小的肃静的院落，在低低的殿宇前，便是天下闻名的周公测量台。三千年前，周朝的名臣周公，曾筑起这高达四米五的石台，观测日影，以测验四时季节的变化。这种早期的科研活动的成就，应该如何去评价，我是无法论断的，使我感觉有趣的是，周公观测天象所得的结论中有一条是：这座石台是位于天之中，地之中。后来，我们的国家称为中国，这是原因之一。

这种说法，大概并不具有多少科学价值，然而所传的我们远祖的求真精神，却由此给我种下很深的印象。在这中州之中，面对那颀长的石柱，我似乎感到了祖先的心灵和脉息的搏动。他们在探索宇宙奥秘，寻找征服自然的力量；他们竭尽心智，去认识人类和自己民族的地位和价值。也许正是因为这同样的感受,古人曾为这里留下这样的诗句:"九鼎既沦亡,东周迹如扫。独此彝器存,天球可同宝。安得明历人,同游洛南道。洞窥古圣心,豁眼对穹昊。"

好个"豁眼对穹昊"。跟随我们祖先的心迹,放开眼界,纵观宇宙!当我们漫游在中州大地上,这样多的胜迹,哪一处不绽开着祖先的心血之花,哪一处不令人流连难舍、浮想联翩?少室山莲花峰的迷蒙云雾,夕阳下少林寺的寂静塔林,嵩阳书院中沉默的古将军柏,西去洛城的十八盘险峻古道,比蒙娜丽莎更为内含地微笑着垂望世人的卢舍那佛像,充溢着奇特想象的气韵生动的汉画像石图形,大河村遗址的仰韶彩陶闪耀着新石器时代祖先的智慧,俯视着伊水碧涟的白香山墓蕴蓄着长恨的歌声……啊,所到之处,历史的芳香扑面而来。我们的先人啊,给我们留下了多少财富,多少世界性的骄傲,多少无声的遗言!

为什么,汉魏古城残垣上的萋萋芳草、帝宫废墟中的碎砖断瓦,竟不曾引起我任何兴废无常的悲凉之思?"古今陵谷茫茫,市朝往往沧桑。"到了江西一个无甚重要的上庐桥,辛弃疾也会发出这样的慨叹。然而今天,那种惆怅的凭吊之情却已远离我们而去了。在曾是九朝王都的洛阳,我算是停留得较长的,但也只有一天半的时间。因此,尽管度过了一个忙碌的白昼,晚饭后,仍赶到洛阳桥上散步,领略"洛浦秋风"的兴味。在这之后,热情的驾驶员又不顾疲劳,带我们去宽阔的中州大道上驰车,饱览新洛阳的街景。那两旁规模宏大的工厂,整齐的住宅、商店,都完完全全是解放后新建的。古人喜欢用"十里长街"来形容城市的壮丽,而眼前这条大道,却足足有五六个"十里长街"那么长!解放后,我们有谬误有失算,但毕竟我们的国家还是在迈着宽大的建设步伐。特别是现在,当我们举国上下从迷雾中走出来,以中兴的豪情瞩目未来时,这广阔长街上的驰车不正是我们心情的最好比喻吗?

我们的车轮在中州大地上奔驰,一条条清澄的秋日河水,似在叮咛,不要辜负你从蔓草和荆丛中走出来的祖先;一张张前来相迎的淳朴笑脸,又似在告诉我:我们,今天的人,正在填平障路的凹堆,扫清绊脚的石块,建设,向前!

在中州大地上奔驰,我想起了李白《送裴图南归嵩山》的句子:"君思颖水绿,忽复归嵩岭。归时莫洗耳,为我洗真心。洗心得真情,洗耳徒买名。谢公终一起,相与济苍生。"河南七日行,一次启迪"真情"之行,一次洗心行。为了这,我该感谢给我热情关切的河南的好客的主人,特别是努力使我在仅有的短短时间内得到尽多收获的朋友们,我将以更努力的创作回答他们的深情。

写在影片《雷雨》上映之前

第一次接触《雷雨》,那是50年前的事情了,我那时还在中学读书,刚开始爱好文学。在《文学季刊》上发表的这个剧本把我带进了一个令人激亢而又深不可测的境界。半个世纪过去了,我们的国家经过了翻天覆地的变革,我个人生活也起了巨大的变化,然而《雷雨》带给我的那种悚惧、战栗的感觉却一直没有消退,当我重新读它的时候,似乎又看到那迷雾重重的暗夜中,人们在呻吟、哭泣,一会儿眼中闪出希冀憧憬的光,一会儿又因无法抑制的痛苦而愤然呼号!

乍看去,这部剧作人物关系错综复杂、情节曲折突兀,正因为如此,50年来确有人把它仅仅当做一本"佳制剧"。有些演者、观者只欣赏其扑朔迷离的剧情,看重其表面的戏剧效果,借它在剧场中追求或陶醉于廉价的笑声和眼泪。但是,这样的遭遇并没有伤及这部传世之作的筋骨。人民的眼睛始终能识别高低、辨别真伪。几十年来,许多流行的"佳制剧"被廉价的笑声和眼泪淹没了,从人们的记忆中消逝了。而《雷雨》,却继续在剧场中吸引着千万观众,新的一代继续诵读着它,发现着它的魅力……当我们决定把它再次搬上银幕的消息传出后,从全国各地发来了大量信件,观众们(年轻的、年老的)热情盼望我们取得成功。不少人写下了对作品的长篇分析,对我们的拍摄工作给予有益的提示;不少人排出了他们理想的演员名单,也有不少人毛遂自荐,表示了他们饰演某一角色的热情愿望。

为什么?为什么时间不曾蚀灭这部作品的风骨?经过半个世纪的考验,它仍然停驻在艺术的巅峰上,发出耀眼的光芒?这原是无需我去饶舌作答的。我想,在那纷繁的情节后面,用心的观众将会发现繁漪的痴情举动和周冲、四凤以至周萍之死的社会原因。他们会发现,这不只是一个家庭的悲剧。剧中人物都有他自己的历史,在他们各自的周围生活着一些和他们相近的人物。他们在剧中的出现实际上也反映着那些未登场的人物的命运。鲁大海的背后有多少挣扎在饥饿线上的矿工?鲁侍萍背后,有多少像她那样被侮辱被损害了的、漂泊无依的妇女?剧中只有八个人物登场,然而它映现出了那个时代的社会缩影。

我想,了解和认识我们脱胎所自的社会,不仅是为了对比过去珍惜今天。温故而知新,其意义还在于能使我们更深刻地认知今天的社会,看到哪些是新苗,哪些是残迹,因而明白障阻我们前进的一部分原因。

当然,我更希望,当观众怀着惨痛的心情走出影院后,会进一步思考:对于剧中这些人物,除了千百年来习俗和制度所造成的外在的压力之外,还有什么在束缚着他们的头脑。繁漪纵然勇敢,却为什么仍然挣不脱那残忍的罗网?周朴园为什么如此反复无常,是什么样错综复杂的思想感情使他既压榨损害别人,同时也为自己酿造了苦汁?我想这部剧作的最深沉之处应该在于,它可以使人看到几千年来形成的封建思想竟是如此顽固,如此盘根错节地统治着人们的头脑。要改变它、彻底地改变它,需要多大的毅力、多长时期的努力。

繁漪吃药

影片《雷雨》导演随记

有的青年同志在读了《雷雨》剧本之后，曾说，吃点药算什么？繁漪为什么要抵死不肯？言外之意，周朴园逼繁漪吃药这场戏，未免小题大作。

是的，吃点药确不算什么。但我想，这场戏虽在吃药上大做文章，其用意却并不在吃药，因此处理这场戏不能就事论事。

原剧第二幕中，繁漪曾这样对周萍倾诉："你父亲……十几年来像刚才一样的凶横，以后渐渐磨成了石头样的死人。"怎样让观众体会到这种心情，是处理繁漪这个人物的一个关键问题。繁漪的举动是乖僻、不近人情的，怎样能使观众理解她，不计较她在绝望中的作为，而更多地去思考迫使她这样做的社会原因！

在影片中，有必要通过多种方式来解决这个问题。我曾设想：是否能增加某些倒叙的场景，描写一下18年来繁漪在周家所受的精神折磨？但回忆太长了，会破坏戏剧动作过程的紧迫性；短一些呢？18年哪件事能最突出体现出繁漪所受的痛苦？思前想后，觉得不论选取什么事，都有以偏概全或画蛇添足之感，而且也超不过吃药这场戏的分量。最后我决定还是回过头来，把摆在眼前吃药这场戏处理好。艺术的可贵之处就在于含蓄，我希望通过这场戏可以使观众进一步想象：这18年，繁漪是怎样生活过来的。

孙道临自述

为了给这场戏先做些铺垫,除了在片头字幕中拍一个药碗落地的镜头外,影片开始的第一个特写镜头就是滚沸着的药罐。在炎夏的窗口,蒸腾着令人难耐的热气。而下面繁漪和四凤的一场戏中,繁漪呷了一口药以后,插入一个药碗的特写。在繁漪命四凤把药倒掉旋即又阻止她以前,插入一个短短的推镜头:繁漪眼中的高背椅。虽然观众尚不知那椅是周朴园的专座,但会感到,繁漪是在一种油然而生的恐惧中收回成命的……

周朴园走进小客厅,吃药这场戏便开始了。周朴园柔声问繁漪:"怎么,今天下楼来了?"繁漪也安然地向他问候。表面上一切平静,然而内心的潜流何等湍急!对周朴园来说,昨晚从外面回来上楼去看繁漪,她居然把门锁上,使他当着下人丢面子,这是第一个不快;小客厅的窗子,是命令过不许打开的,现在送客回来,却是开着的,这是第二个不快;第三个不快是他走进屋来,繁漪对昨夜之事毫无任何歉意,若无其事……

由于周冲为了鲁大海的事,当面顶撞周朴园,下面的戏剧矛盾似乎是发生在周朴园和周冲之间的,但我觉得不能就戏论戏。这段戏不仅是为了写两代人的矛盾,应该同时通过它把焦点引到周朴园和繁漪的矛盾上去。在描写周冲和周朴园的冲突时不能忘记繁漪。周冲对周朴园说:"我们这样的有钱人,还在和他们争饭吃,是不对的。"在这话的后半句,我们让镜头缓缓摇向繁漪。观众看见她这时不是在冷静地旁观,而是在忘情地欣赏着儿子的大胆,暗自称赞:这才是自己的儿子!但,刹那间,她感到有双锐利的目光在紧盯着自己,她本能地感到:这是周朴园!她很快地收起脸上的喜色。镜头跳过去,果然,周朴园正冷眼看着她。看清了她的神色,又是一阵不快涌上心头,他暂时按捺下去,回过头先去训斥周冲。然而,此时观众大概已意识到:一场更大的风波即将掀起了。是的,周朴园轻轻喝了口茶,再瞥繁漪一眼,便向四凤问起了药的事情……

要这桀骜不驯的女人就范!这就是周朴园此时的心理状态。繁漪毕竟是荏弱的女性,她不得不屈从于周朴园,饮下了这碗药。这碗药,对于她,是生活的苦汁;饮下它,是饮下最难忍的精神上的凌辱。我希望在这时,观众能基本上了解繁漪在这个家庭中的处境,感到她所承受的重压!

感情的海洋

影片《非常大总统》描述的是孙中山先生1921至1922年间的斗争生活。很凑巧,我就是1921年在北京生的。在我的童年和青少年时代,就听到过许多有关孙中山先生的动人故事。在学校里,每逢星期一早晨必定举行"纪念周",学生们集合在大礼堂内,首先面对他的遗像、背诵他的遗嘱:"余致力国民革命凡四十年,深知欲达到此目的,必须唤起民众,及联合世界上以平等待我之民族,共同奋斗……"这样的语句,数十年来一直深深印在我脑海中。

因此,当记者们问我,你怎么会起意要拍摄这部反映孙中山斗争生活的影片?回答就往往要先从我童年对他的记忆说起,因为它构成了我对孙中山先生这位伟大革命先行者的最坚实的感情基础。当然,使我对他的伟大品格有了较深入感受的还是到1981年迎接辛亥革命70周年的时候。那年中的一个春日,一位不速之客来到我家里,他是上海青年话剧团的编剧耿可贵。他告诉我,他们剧团将排练他写的一部新戏《孙中山和宋庆龄》,他代表剧团来邀我去担任孙中山这个角色。这使我感到很意外。真的,我从来没想到过我能够扮演孙中山。我行吗,而且只有相当短的排练时间。但是,耿的热情怂动了我,青年话剧团的朋友们的诚挚心意也大大加强了我的信心,我终于投入了排练前的准备工作:参观、访问、阅读资料……孙中山先生的人格和情操,磁石般地吸住了我,特别是在1922年陈炯明叛变时,他所表现出的那种光明磊落、刚直不阿的精神,更给了我极深的印象。虽然,由于后来其他工作的需要,我未能参加那一次演出,但在我心目中,再现孙中山这样感人的形象,已不仅仅是一项历史使命,而且是一个具有强大魅力难以抗拒的创作命题了。

所以,1984年初当我完成了影片《雷雨》的拍摄,上影厂领导问及我下面创作的计划时,我毫不犹疑地回答:孙中山!我希望拍摄一部关于孙中山的影片!厂领导当即表示支持。

>>> 孙道临主演的《非常大总统》剧照。

孙道临自述

与我合作编剧的叶丹先生和我一起到了北京,历史研究所的刘大年所长接待了我们,听了我们的来意以后他高兴地表示:现在有条件,也有需要拍摄有关孙中山的故事影片!而且,1986年11月2日将是孙中山先生诞生120周年,届时将在全国举行盛大的纪念活动,很盼望我们的故事片能在那时和观众见面。研究所将尽力支持我们!

这真是个令人兴奋的消息!但是,孙中山先生的一生那样丰富多彩,那样多生动的事迹,究竟应当从哪里反映起?要争取1986年拿出一部像样的电影,必须在1985年拿出一个像样的剧本,而剧本是否能够差强人意,关键又在于怎样去写这个伟大人物。写他的一生还是撷取他一生中的片段?刻画他的性格又该采取哪一个角度?

带着这样的问题,我们向北京的学者们请教。胡绳、刘大年以及近代史研究所的许多专家都满怀热情地向我们讲述了他们的看法,并且期盼我们能在孙中山诞辰120周年的纪念日拿出我们的影片。在上海,历史研究所的汤志钧等学者不仅和我们畅谈看法,而且无条件地打开他们的藏书库,让我们浏览。我们来到广州,七十多岁的老教授陈锡麒先生以及张磊、黄彦、段云章等专家教授也不厌其详细地给予我们指点,提供我们一切研究的方便。我们来到广西桂林,在当年孙中山先生曾驻营的独秀峰下,陈伟芳、钟文典等教授也和我们倾心谈话,表述了他们的见解。在广州,我们还遇到了前来访问的美籍华人学者、美国迈阿密大学教授陈福霖先生,作为研究孙中山的专家,他不但向我介绍了英、美学者关于孙中山的观点和著作,而且,当他知道我们决心要把1922年陈炯明叛变这一段作为剧本的主要历史背景时,还特意从海外寄来了一本香港出版的《陈炯明传》。

台湾、香港以至于英、美学者和国民党元老们所写的关于孙中山的传记和回忆录,不但向我们提供了丰富的感性信息,给我们展开了广阔的视野,而且阅读这些在字里行间中透露出无限深情的文章,我感到和这个伟大人物越来越贴近了。尤其值得庆幸的是在广州、南京以至连云港等地,我们能见到许多当年曾经追随孙中山先生的革命老人。曾在孙先生警卫营工作的李洁之,在陈炯明叛变后孙中山移驻的永丰舰上任二副的胡应球,陈炯明叛变时随侍孙中山的区皑洪以及卫士张猛、范良等老人,他们尽管都已是八九十岁,有的已达百岁,但提起往事莫不眼睛发亮、精神矍铄地向我们讲述他们目击的情况和故事。当年孙中山在广州居住的粤秀楼已被陈炯明叛变的炮火夷为平地了。是在这些老人历历如绘的描述之下,我们的美工师才得以描画出反映这座楼房的真实面貌,最后又经过他们审定才进行搭制的。当然,这一连串的访问、阅读大大充实了我们对孙中山的了解,但更重要的是这些活生生的人和这些翔实的文章中所流露出来的对孙中山的怀念、敬佩、珍爱的种种心态。他们对我是一课深深潜入心底的情感教育!

《非常大总统》这部影片的场景是繁多的。为了真实地再现那一时代的环境和气氛,我们曾先后到洛阳、广州、桂林、赣州、南京、上海等地进行拍摄。所到之处的领导人和各界人士都以极其真挚的心情协助我们的工作。从工厂、机关到街道上的家庭妇女,从部队战士到职业和业余的文艺工作者,从白发苍苍的民主党派人士到天真烂漫的红领巾,武警、公安人员、商店店员,以至于旅居我国的外国朋友……他们都欢欢喜喜来到现场。舞蹈也好,摇旗也好,欢呼也好……在灼热的阳光下他们往往站立一整天。即使只是在镜头前一掠而过,也照样情绪高昂。这样的拍摄真像一个盛大的节日!在南京拍摄孙中山检阅革命军时,著名的临汾旅天还没亮就整队行军,越过山岭走来。炎日的曝晒使许多战士晕倒在岗位上。在赣州拍摄革命军攻打赣州城的镜头时,许多工厂民兵和当地武警组成了浩荡的攻坚队伍,一整天的排练继以一整天的拍摄,却因摄制组的一些差错,没能把最关键的镜头拍好,为了圆满地达到质量的要求,有关工厂又慨然把这些担任民兵的主要劳动力抽出一整天来支援我们。在广州的拍摄量是最大的。北京路上群众欢迎孙中山的场面中,有的群众演员需要到路旁楼上窗口去摇旗欢呼,楼上人家的老妈妈高兴得端出刚煲好的汤来款待他们。这是一条热闹的商业街,因为要顺利地在限定时间内完成这个场面的拍摄,市领导委派了上百个公安干警帮助我们断绝交通、组织群众。由于大半天无法营业,不少商店承受了相当大数额的损失。当我们去向他们打招呼道谢时,他们笑着说:没有什么,为了孙中山!

在一个弄堂内,我们拍摄了一整夜,吵得居民们无法安睡,他们毫不抱怨,却搬出板凳坐在门口看我们拍摄,有的人还给我送来一整串的香蕉……

在整个拍摄过程中,人们从内心深处洋溢出来的这种热忱使我难忘,至今还不断引起我心底的震动。的确,拍摄《非常大总统》,对我来说,像是在感情海洋中的一次游泳,对于曾为祖国做出巨大贡献的人,人民是永远不会忘记他们的。历史的滚滚风尘永远不会淹没人们对他的记忆。对于那些伟人的敬爱和缅怀之情将长时期在我们心中掀起巨大波澜,荡涤我们的心胸,托举我们仰望碧蓝碧蓝的长空,滋生出无限豪情。在这里。我怀着感激之情念起所有曾给我们指导帮助、和我们共同挥起手臂在这感情海洋中游泳的人。但愿我们的手臂所划起的波纹,能给这壮丽的大海增添一束闪光、一缕声息、一份颜色。

我和朗诵

"17岁的时候,每个人都是诗人。"

不记得是在哪一本书中,读到过这样的话,从广义上来说,这句话恐怕不无道理。因为在步入成年之前,人们胸中时时涌起的情感,往往是如此纯真而强烈……

>>> 孙道临在朗诵会上。

青年的时候我也爱诗,甚至写过并发表过一些不成样的小诗。然而,那时我却认为诗只宜于写在纸上,盘旋在心里,诗是不宜于大声朗诵的,所谓"一说便俗"。

但解放后,我竟开始在公众面前朗诵了。有人讥笑朗诵是"大声说话",我也不以为忤。我朗诵的第一首诗,便是《黄河大合唱》中的"黄河之水天上来"。记得在上海文化广场面对上万观众朗诵这首诗时,观众的情绪使我深深激动了。我感到:诗,不再只是环流于心底的孤独的潜流,它插上了声音的翅膀,飞向听众,引起交叉共鸣和回响。它沟通千万的心灵,共同融入一个时代的感情巨流之中。比起演戏来,朗诵需要和观众更直接的交流和相互感应,因而具有一种特殊的吸引力、煽动力。苏联诗人马雅可夫斯基向红军朗诵他的长诗《列宁》,在朗诵到"列宁在我们心中"时,一个红军站起来大声说:枪,在我们手中,马雅可夫斯基同志! 这大概可以说明朗诵的力量吧。

愤怒出诗人。在一些重大的历史转折点,诗的朗诵更成为号角的吹奏,激荡起亿万人民的心潮,推动人们去创造美好未来。在难忘的1976年,我虽然没有机会到天安门去目睹盛况,但在粉碎"四人帮"后不久,在一次朗诵会上,我朗诵了《扬眉剑出鞘》。那只是短短的四句诗。然而当时听众的反应使人感到,有些炽热而复杂的大时代感情,通过诗的朗诵传达出来,其浓度、力度和深度,往往不是一般语言所能企及的。

当然,在日常生活中,朗诵也已成了陶冶性情、增强美的修养的高尚活动。四年前我曾在广州主持了一次朗诵会。在那次会上,广州及来自北京和上海的许多演员朗诵了诗歌、散文、寓言、名剧片断等形式的文学作品。我曾担心,平时不大讲普通话的广州人不会对此发生兴趣,然而,完全意外,三天的入场券在三小时内销售一空,演出的剧场效果竟是如此热烈,人们称道这样的朗诵会为一次"高雅的艺术享受"。

将近四十年来,我曾不断在各种场合进行朗诵。同时由于电台、电视台以及唱片公司的热情相邀,也录制了不少朗诵节目,但说来惭愧,它始终是我的一项"业余"活动。在这方面,我进行的研究和思索太少了。当我接到一些热情听众的来信,希望我能介绍一些朗诵的理论和经验的时候,我竟感到思绪非常纷乱,不知说什么才好。我知道,在影剧界、语言界,有不少同志在朗诵方面下了不少苦功,他们切切实实地总结经验,深入钻研,并写出了有价值的论文。我敬佩他们的这种精神!在朗诵这个艺术领域中,他们是真正的耕耘者,要使朗诵艺术得到发展,成为文艺百花园中一朵鲜艳的花,是非常需要这样锲而不舍的努力的。

在共同追求的道路上,我结识了赵兵和王群。赵兵先生在上海戏剧学院讲授舞台语言多年,同时,也有很丰富的朗诵实践经验。前不久,上海市成立文艺广播促进会,还曾授予他"知音奖",表彰他通过广播传播语言艺术的贡献。而王群先生不仅有一定的朗诵艺术实践,也是一位多年从事高校语言教学的教师。他们是有心人,是辛勤的耕耘者。他们根据多年实践及讲授朗诵艺术的经验和理论研究所写出的这部《朗诵艺术》,对朗诵艺术的源流、基本功、基本要求、技巧以及各种体裁的朗诵,做了全面系统的论述。他们把朗诵中遇到的一些问题提到理论高度予以思考,同时又列举了不少朗诵作品的实例,细致分析,反复论证。因此,它不仅是一部朗诵理论的书,同时也是一部生动的朗诵艺术欣赏的著作,读时像是身处琅琅的朗诵声中,兴味盎然。当然,任何艺术创造都不是能从哪一本专论中学来的。陆游说:"汝果欲学诗,工夫在诗外。"和许多其他姊妹艺术一样,朗诵技巧的提高也要求人们具备广博的知识和修养。因此,我希望年轻的朗诵爱好者不要把这本书当做立竿见影的"指南",而是把它看做是两位严肃的朗诵工作者的一部有价值的艺术总结,从中得到有益的启发和借鉴。我期待,在我们的书海中有更多这样的作品出现,从而使朗诵艺术能在我们的土壤中更深地扎根,有助于我国精神文明的建设、文化层次的提高。

如果能得到音像出版工作者的合作,将书中列举的实例录音选辑成编,制成盒式磁带,作为阅读本书时的形象参考,那就更能与本书的文字相得益彰了。

我与广播剧

我与广播剧的接触,可以推到解放前。抗日战争胜利以后,

孙道临自述

我在北京读到一本美国著名广播剧作家诺曼·考尔温的创作集,很感兴趣,便将其中一篇《我的可怜儿》翻译出来,在杂志上发表了。1948年,我到上海从事电影工作,曾与莫愁等一起到电台录制广播剧,那时除了念台词,还要兼拟音,如脚步声的效果是由演员用手指头叩叩桌面制作出来的,一切都比较简单。

解放后,我们的电台都十分重视广播剧的创作和制作,我与中央、上海和其他各地的广播电台都有长久广泛的联系,除朗诵诗文外,也参加了一些广播剧的制作,这对自己的语言是很好的锻炼,尤其是在上海人民广播电台,我参加录制的节目就更多一些。远的不说,近几年,我参加录制的广播剧有《至高无上的爱》,讲的是一位归国华侨知识分子报效祖国的事;《史笔颂》是讲司马迁的故事;辛亥革命70周年的时候,录制了《孙中山广州历险记》;还搞过两部音乐广播剧《柴可夫斯基》和《舒伯特》;另外,还给立体声广播剧《蝴蝶泉》录了旁白。

我对广播剧是很喜爱的。它是一门诉诸听觉的艺术,与电影、舞台剧不同,没有视觉的辅助,完全靠听觉,对语言艺术的要求很高。

由于人们在室内听广播剧,声音就好像来自自己的身边,因此录制广播剧要求演员的对白十分生活化,甚至在调子的处理上比生活中还要准确一些,但又不能游离生活,这是指一般的广播剧而言,也有些特殊风格的,如荒诞剧、抒情诗剧等,当然应用另外的处理方法。此外,广播剧对效果的要求很高,效果要非常有表现力,环境气氛的描绘、不同的时间空间、喧嚣的城市、宁静的村庄、暴风雨之夜、风和日丽的早晨,都得借助于很具表现力的音响效果来予以表达。美国的著名演员奥逊·威尔斯,他在50年代曾搞过一部广播剧,说的是天外星球要与地球相撞,结果听众以为是真的,恐怖极了,纷纷跑到街上观看,成为轰动一时的新闻。这说明它的效果真实、强烈,很好地烘托了气氛。

现在,广播剧受到电影、电视和其他文娱形式的挑战,但我认为广播剧作为传播媒介仍有它独到的长处。广播剧的题材是广阔无限的,所受的限制比电影、电视少,比如科幻题材,天上地下,宇宙洪荒,电影、电视就很难搞,颇费力。而广播剧要效果做得好,引起听众的想象,就较容易办到。广播剧成本小,制作周期短,容易上,借助无线电波很方便地走进千家万户,有个小型收音机就能听。在美国,汽车一开就是几小时,百无聊赖,看电视没条件,听听广播剧,可以松弛一下,还可利用时间增长见闻。在飞机上也是同样,现在国际航班都可以租个耳机,听听音乐、广播剧,听觉艺术仍有广阔的天地。

前不久,我到美国,看到小说朗读、广播剧的录音带也不少,美国很多著名演员,如奥逊·威尔斯、罗纳德·柯尔门等都曾热衷于到电台朗诵,搞广播剧。这就证明,即使在发达国家,广播剧也是在竞争中不断发展着的。

第三个春天

寒夜拥衾读书真是人生一大快事。万籁俱静,白天该做的事都已了却,安安心心倚在床头,拿起一本想读的书,发现一个你从来没接触过也没想到过的新世界(特别是精神世界),唤起你对生活的更多向往,那真是极大的享受。

1990年初春,夜里仍然那样寒冷,我拿起一本新寄来的《文汇月刊》,随意翻阅着。大概是由于时间还早,我开始读其中一篇小说《母亲》,是肖复兴的作品。原是没打算怎么细读的。但开篇第一段就吸引住了我。作者说,他要写的人并不是他的母亲,然而她终于做了他的母亲。作者要讲的是怎样一个故事?真是个吊人胃口的悬念。

读下去,我被牢牢地吸引住了。作者的感情流露使我无法自抑,不断流着眼泪……唉,如果能改编成一部电影该多好啊!你看,职业习惯总是怂动着我,动不动就把念头归到拍电影上去,从那天起,把《母亲》改编成电影就又变成我一件牵肠挂肚的事了。

反复考虑,又获得了上影厂的支持,当年夏天,我和肖复兴在北京见了面。这位爽朗热情的中年作家立刻表示愿意合作。他说,对于那些生活在拮据环境中的平凡人,银幕关注得太少了。他很高兴我能选取这样的题材,虽然我一再说"触电"是个麻烦而又可能无结果的事,他的热情仍不消减,表示愿意陪我一试,不计成败!

　　说起他写这小说时的心情,肖复兴难以按捺内心的激动。刚一开口,眼眶就红了。对这位实际是继母的母亲,他有说不尽的深情。也就因为如此,他总觉得,在青年时期,自己醉心于投向外面的广阔天地,不愿回顾那贫困的、当时认为是狭隘的家庭生活,对于辛勤哺养自己长大的老人的内心,就缺乏足够的体贴。当老人逝去,自己年事渐长时,想到这,歉疚之情油然而生。然而,已经太晚了。人与人之间为什么不能有更多的、及时的深情关切呢!他希望,将来的电影不仅是歌颂天伦之爱,还应把上面的反思补充进去。

　　他的想法,真是正中我心!近年来,回忆起往事、亲人、知交、旧友,我也常常感受到这一点。我和肖谈着谈着,多次为这样共同的感受而忍不住潸然泪下。在我以往拍摄电影的过程中,还没有过这样一接触题材,便引起这么剧烈的心灵震荡的。

　　从最初读到这篇小说到现在,恍惚已经是第三个春天了。在这不短的两年之中,改编的事免不了波折,但是肖复兴的意兴仍浓,初衷不改。他三次来沪,几易其稿,最后,上影厂决定作为1992年的片目投产了。片名暂定《继母》。我们的泪没有白流,继母这样的凡人和她们的小事终于可能在银幕上展现了。又是初春,又是几乎同样的寒意料峭的夜,我快慰地坐在桌前赶写分镜头剧本,但心头又不禁涌起新的忧虑,在票房价值观的大潮和与之俱来的某些廉价艺术趣味冲击着我们的电影市场的今天,渺小的《继母》将遭遇什么样的命运？面对难免会时时袭来的、杂着异味的冷风,在创作过程中,我们又能不能始终保持着一片心灵的净土？

我企盼着,人间至情的流露将打动不少观者的心,有人还将进而衡量自己一生中索取和给予的比重。这样,三个宝贵的春天,就没有白白度过了。

我为什么想拍《三国演义》

1981年,两位青年作者写了电影剧本《华佗与曹操》,来找我提意见,并希望我导演这部片子。我和他们先后谈了五次,他们也反复做了修改。当时为了准备拍这部片子,曾到河南去走马看花,粗访了一下那里的汉代及三国遗迹。虽然后来厂里安排黄祖模兄去导演这部片子了,但这次河南之行,走了郑州、洛阳、开封、南阳、许昌等地,看到汉献帝宫废墟、曹操疑冢、关公挑袍的坝桥、虎牢关遗址,以及带有神秘味道的"张飞绊马索"……使我仿佛回到少年时读《三国演义》的年代。那时,这部伟大的小说在我眼前展开的是一个何等宏伟迷人的世界啊！

为求神州大地复归一统,万千苍生安居乐业,小说中的多少人献出大智大勇,或运筹帷幄,辛勤思谋；或决战沙场,一死方休,显示出一代英雄人物的风华气概。无论是蜀国的诸葛亮、赵云、关羽,吴国的周瑜、黄盖、太史慈,以至魏国的张辽、典韦、郭嘉……纵使他们都是各为其主,但在我幼年心目中,却都成了令我心驰神往的人物。那时节,百代公司灌制的刘鸿声的《空城计》是我最喜爱的唱片之一。一句"我本是卧龙岗散淡的人",在机警应变中透出一派儒雅怡和之气,已是令我神往。而后来母亲带我游城南游艺园,第一次看到舞台上的诸葛亮羽扇纶巾,在城楼饮酒抚琴,若无其事地和城下的司马懿应对。尽管那位饰演诸葛亮的恩维铭是个坤伶,但在我看来,诸葛亮却仍是显得那样雍容无畏、潇洒出尘,长久留在我记忆中,成为一个智勇双全的偶像。

偶像的作用是巨大而持久的,它穿过时间的烟云魔术般释放着魅力。在八年前那次河南行之后,我开始意识到,传统的民族文化为何能够长时间潜移默化地在我们身上施加影响。作为中国文学史上一部辉煌巨著的《三国演义》所渲染的思想感情,从五六百年前起,就已悄悄地一步步融入了我国文化的深层。(当然,在罗贯中写成这部巨著以前的数百年前,书中的人物和事迹早已通过史书、笔记、说书和杂剧等,植根在人们的心中了)。诸葛亮的鞠躬尽瘁、赵子云的忠勇精诚、关云长的义重如山、黄忠的老而弥坚……只提这些,也许会把《三国演义》中人物形象的感召力简单化了。是的,就是刘备、曹操这样一些复杂人物,又何尝不是一面面生活的镜子,使人联想起不同情境下变幻多端的思想感情,从而对人生有了更深刻的认识?

>>> 孙道临在加拿大蒙特利尔和外国朋友在一起。

《三国演义》，人生战场的绚烂长卷！历史学家从这里看出朝代更迭、社会发展的必然和偶然因素如何相互交织；政治舞台上的骄子从这里看到纵横捭阖和兴衰之道；将帅们从这里汲取用兵的韬略，心仪于决胜者的灵活机智；现在，还不乏企业家们从这里找寻用人之道……而我们则从这里看见一个政治风云诡谲多变的时代，看见那样多英气勃勃的风流人物争雄斗智，在大千世界上呈现出人的崇高光彩，在奸、懦、欺、诈的黑色背景上凸现出人的种种可贵的美德，感召着后人在荆棘丛中前行，使我们的民族历经劫难而终不衰败。

作为电影工作者，不能不感到，能改编这样的著作为影片是最有吸引力的、最为光荣的事。而小说中那些错综复杂的事件，那往往向意外方向逆转的斗争形势，又可以形成多少惊心动魄的戏剧场面，人物思潮的汹涌，感情的千变万化，又可以构成多少细腻入微的心理描写，引发出多少深沉的人生感喟！

当然，除此以外，对于一个电影导演来说，汉代风物的壮美也是罕见的。还是那次漫游河南的时候，汉墓中的壁画、雕刻和汉代画像、石刻馆的陈列品，都曾使我大开眼界，惊奇不已。那些充满生命力和想象力的人物造型、建筑图像以及神话描写都使我似乎神游在一个伟大的、在各方面都足以使我们炎黄子孙引以为豪的时代。那三虎驾车在天空中飞跃奔腾的石刻，凝结着一个民族在上升时期所焕发出的"欲与天公试比高"的精神。如果在影片中能以这样历史时期的风习和环境衬托出人的高扬的精神,那该是多么具有震慑力的艺术尝试!?

难怪,当我们邀请经验丰富的同行们来参加这部著作的电影改编时,没有一位不是欣然允诺,跃跃欲试的。别人且不说,只说我们八十余岁的前辈导演汤晓丹先生。当他知道他将导演《官渡之战》这部巨著时,整日坐在讨论会席上,毫无倦容。剧本正由作家在创作中,他就已经在家中摆开阵势,悉心研绘着这场战争的地图,设计着交锋的细节。他说:通过别的国家影片,我们了解到他们的历史。那么,为什么我们不能同样通过影片,让别的国家的人也来了解我们的历史呢?

拍摄《三国演义》题材的电影,将是困难重重的。但是,来自多方面的鼓励使我们感到,我们不是孤独的。不少海外的朋友告诉我们,他们乐于为此贡献力量,因为他们觉得,散居在全世界的3 000万华裔将为银幕上出现值得炎黄子孙骄傲的形象而振奋。而许多国家中的"三国迷"也将以无限深情的眼光注视着我们。当然,关于一个古老而杰出的民族的壮美影画,将会吸引更多更多的观众!

且先圆了《三国梦》的梦

拍《三国演义》系列故事影片的念头,像一个长长的梦,从1983年开始缠绕心头,至今已有十年,这梦还不知何日得圆。抑或,它只能是一个圆不了的梦! 唉,搞艺术——特别是搞电影,大概就是这样,也许止于做做梦就算过了瘾,而不必期望非得把梦境记录到什么媒介(诸如胶片、舞台)上不可,再说,梦境难于实现,怪天怪地何用? 反正已尽了最大努力,如若最终拍不成,也大概是自己太主观,没有"按客观规律办事"。这样一想,心气也就平顺了,没什么可怨的。

但既然投入了艺海,梦就常常无边无际。往往是:旧梦未逝,新梦又来。关于拍三国故事片的梦刚做了不久,一位同梦的朋友就提出来:既然三国故事片难度甚大,何不先拍一部电视艺术片,把我们对于《三国演义》的欣赏和理解,融合现存的三国遗迹,以及有关三国人物事件的传说轶事,作为那太庞大的故事片计划的先行? 这样,不是可以引起人们对三国的更浓厚的兴趣,争取到更为广泛有力的支持?

这是个好主意! 那么,片名叫什么?!

不是我们正梦想拍三国故事片吗? 就叫它《三国梦》吧!

好一个《三国梦》。拍三国故事片的梦还不知何日得圆,又梦里套梦,套出一个《三国梦》的梦! 自此,我就像套上了大小两架马车的驽马,更加勉力地向前奔跑了。谁又知道,这架载着《三国梦》的梦的小马车,也拖拉了六年之久,至今才勉强如愿,真是"个中辛苦有谁知"。

六年之中,不断寻觅合作者。有的,费了不少力气和口舌,终于发现道不同难相为谋,不如分手。1989 年,以推动《三国演义》故事影片的筹划为主要工作的华夏影业公司成立,把《三国梦》也列入生产计划。在经济状况甚为拮据的情况下,还决定组织考察团到湖北和四川专门考察三国遗迹文化。也算是一次小小的壮游罢。考察团中,大都是热情的寻梦者:在这以前曾两次筹拍三国影片未成的原上影厂厂长徐桑楚;未来系列故事片的两位编剧:叶楠和刘征泰;原上海电影发行公司经理池欣和他的夫人;还有愿为三国影片竭力呐喊助威的著名电影演员,当时任上海政协副主席的张瑞芳……21天中,我们跑了19个地方:湖北的武汉、黄州、蒲圻、荆州、襄阳、雪阳、宜昌,四川的奉节(白帝城)、成都、德阳、绵阳、梓潼、剑阁……

在武汉,华中师大一万多师生在校园山坡上听取我们讲述拍摄三国影片的畅想。在荆州,这魏、蜀、吴三国长期争夺的焦点,地区领导人对我们说,他们正在策划营建规模宏大的三国园。他说:和你们一样,我们也在做着三国梦!在湖北的黄州和蒲圻,接待我们的朋友都争说他们是实实在在的赤壁大战发生地,说起来引经据典各有各的根据。我们无从表示哪个为是,但从他们各自坚定不移的态度,都深深感受到他们对这一段历史的深情。在湖北当阳东南,还残存着一段麦城的断垣。当地的老农抱着他的幼孙,向我们讲述当年关羽向这里败走、不幸被擒的故事。在四川奉节,我们踏上几百级台阶,登白帝城,俯视长江水滚滚而来,流向三峡,脑海中不禁浮起李白"朝辞白帝彩云间"的诗句。进入白帝庙,大殿内刘备托孤的彩塑群像生动地再现了那悲剧的瞬间。"大江流日夜,客心悲未央。"我似在江水呜咽中听见了英雄不甘于失败的谆谆嘱咐声。在幽静的成都武侯祠,管理人员告诉我们,日本旅游者经常专程盛装来此,向诸葛亮的塑像顶礼膜拜。而泰国的刘氏宗亲会,则曾数度前来,在刘备塑像前焚香祭奠。在古意盎然的川北,从梓潼到剑门的路上,我们进入了被称为"世界奇观"之一的翠云廊,在那连绵数里的、据说大都是当年张飞镇守阆中所栽却完整地保存至今的古柏林中,我们静静徜徉,流连忘返,仿佛听见蜀汉军队的得得马蹄声……

21天的蜀、鄂之行,哪里只是去追寻逝去的梦,它分明使我们深深感受到了今人对一千多年前那段历史的尊重,对那时风流人物的难分难舍的敬爱。三国时期留下来的事迹、精神,已经成为一份厚重的积累,成为我国文化的一个重要部分! 以三国人物故事为题的故事影片,将受到多少人的衷心欢迎! 啊,这不是一个虚无缥缈、荒诞不经的梦,这是一个壮丽的、完全应该而且可以实现的梦!

在据称是诸葛亮和刘备第一次会面的隆中(一说是在河南南阳),望着那林木幽美的山谷,我不禁酿作出这样一首短诗:

蹉跎八载梦,今始到隆中。

何日旌旗奋,银海涌卧龙?

这梦,说它壮丽也好,应该而且可能转化为现实也好,但到今天,却仍像曹植在洛水上遥望洛神,可望而不可即。人到晚年,面对这样一个难题的挑战,大有破釜沉舟之势。作家刘征泰在蜀、鄂之行归来后,在《电影故事》杂志上发表了连载的纪行文章《金秋万里行》。他竟把这筹拍三国的历程称做悲壮的历程!

不管怎样艰难,我们还在前进!

从蜀、鄂考察归来后,我们马上着手电视片《三国梦》的筹划,华夏影业公司赤手空拳,没钱怎么办事?上海市委文化基金会及时给予支持,慷慨地提供了一笔资金。与此同时,作家叶楠又一鼓作气,接连访问了河南、陕西、甘肃等地,然后毅然闭门三月,写出了数十万言的、深度广度兼而有之的《三国梦》文学脚本。根据这个坚实的脚本,大家做了深入研讨和缜密设计之后,导演兼摄影单子恩带了他的精干的摄制小组向湖北、四川、云南、贵州、河南、陕西、甘肃以及江苏、安徽等省份一一进发,拍下了当地的三国遗迹、自然风光、纪念建筑。这些用全副精力会集起来的镜头,构成了14集《三国梦》电视艺术片的主体。在长长的拍摄过程中,我们的单子恩尽管发现小便带血,仍然不声不响地扛起摄像机,干下去。

后期工作也是个磨人的事。一个个画面的推敲、改动、补充,一句句解说的斟酌、必要的修正,一件件细节的琢磨,一段段音乐的配置……终于,经过三年锲而不舍的努力,14集电视艺术片《三国梦》可以试映了!不管怎样,我们向大目标前进一步了。

亲爱的观众朋友,我们希望你们会喜欢这部在千百种艰难中诞生的作品。你会感到它是有趣的,但也可能感到,它应该更成熟些。与此同时,你也许还会从中感受到创作者的一片赤诚,为弘扬中华民族的具有永久价值的文化所奉献出的苦热心肠。

当然,我们也并不希望你们因此而原谅作品中的弱点。请坦诚地告诉我们吧,不管是正面的还是反面的,这个先圆了的梦使你们产生了什么样的想法?

如果你们能从此和我们一同做起关于拍摄《三国演义》系列故事影片的梦,那将是我们最高兴的事情!

千呼万唤孟丽君

十集越剧电视连续剧《孟丽君》的拍摄,走了扬州、无锡、浙江西天目山、海盐以及上海郊县等地。几乎每到一处,都有记者或观众问我,你怎么会想起拍越剧连续剧来的?是啊,我不能算是越剧迷,怎么会拍起越剧电视来了呢?

这得从我的夫人、越剧演员王文娟说起。80年代初,她在上海越剧院演出了舞台剧《孟丽君》。那出戏大约演三个小时,有点轻喜剧的味道,当时相当轰动。我起先想,无非是女扮男装,阴错阳差,热闹一番,没有多大意思。看了演出以后,却觉得颇有些味道。特别是最后,孟丽君大胆闯宫,说服皇太后,得到皇太后的支持,为自己的爱情扫除了障碍,这个情节异峰突起,写得好,孟丽君果然是个智勇双全的奇女子。这一举,使整个戏颇有点一个弱女子战胜了一个王国的味道。当时只觉得,可惜在戏里,这一点处理得还不够突出。

戏是根据清朝女作家陈端生的长篇弹词《再生缘》改编的。这部被郭沫若、陈寅恪等先生盛赞的作品确是不同凡响。说是长篇弹词,实际就是一部叙事长诗,在我国文学史上享有其特殊的地位。据说,这是这位女作家娱亲之作。也许正因为这,作家的笔才如此无羁,任想象如天马行空般自由驰骋,而又不流于粗野,不失其规矩。娓娓写来,每每凸现奇峰,却又不背离人情的轨道,使人感到可钦可信。随着作者的浪漫情思,读者越来越贴近女主人公的心灵。

王文娟演这个戏时,一遍又一遍地读这本原著,竟像着了迷。从此,经常对我讲,一定要根据原著,再编一部电视连续剧。她的话吸引了我,我也跟着读了这厚厚的两本原著。我发现,她所演的舞台剧《孟丽君》,虽然也有其魅人之处,但相比起来,原作中的情节却远为曲折、人物关系远为错综复杂,孟丽君所面临的境地也远为艰难。因此,人物的刻画是更为多面的,内心世界的抒写是更为丰满的,戏剧性更为强劲。这是一个感情浓烈的正剧题材,主题的突现将更为有力。的确,若能改编成一部较长篇幅的电视连续剧,一定会更充分地体现原作的风貌,成为一部雅俗共赏的作品。

这样,我开始卷入了改编的工作。我们想起,1965年上影导演汤化达曾想把浙江作家胡小孩写的越剧《亮眼哥》改编为故事片,并约我饰演亮眼哥这个角色。我对那个角色颇感兴趣,后来虽未拍成,但对胡小孩的才能却留下了较深的印象。因此我们把胡小孩同志请来,和他一起商量如何改编《孟丽君》的事,谈得很融洽,定下了十集的提纲。约在半年多之后,胡小孩寄来了初稿。

  对剧本的反复研究和加工倒还不是太繁难的事,只需多花费些心力便是了。真正难的是资金从哪里来?如果按照舞台纪录的样式来拍,投资数目较小。但是,我们不希望那样做,我常想,戏曲电视片的产量越来越稀少,固然原因甚多,但是,不少戏曲电视片只能算是舞台戏的分镜头纪录,没有充分地发挥电视表现手段的效能,也是一个重要原因。因此,要么不拍,要拍就得拍成一部名正言顺的戏曲电视片,而不是舞台味道很浓的戏曲片。前些年看了两遍意大利电影导演吉费瑞里拍的歌剧电影《茶花女》,确是蛮有味道的。

  集足够的资金可真不是件容易事。将近三年的时间,文娟为此奔走不息,可以称得起"千呼万唤"了。愿意投资的人也有,只是经不住答应了又反悔,有的就是签了合同也不算数。有的信誓旦旦,要我们耐心等一等,到某时某月一定兑现,到时候却又提出些令人无法接受的条件,看来实质仍是为了推托,大半年过去了,又是一场空。这些令人不快的际遇,真快把我们的锐气磨尽了……哪知,时来运转,1996年春天,偶然结识了上海房龙房地产公司的孙钢先生,他决然为我们筹集到需要的资金。当年3月份,十几位热情的上海企业家和我们相聚在大子美食林,签订了合约。

"千呼万唤始出来,犹抱琵琶半遮面。"这样一来,管他半遮面还是全遮面,反正下面的事,是怎样把孟丽君请到摄像机前来现身说法了。

我这个人有个特点:兴致起来,把事情想得很简单。真正开始做了,才觉得够复杂的,难题不少。一直在舞台上演出的戏曲有其特殊的表现方式,从舞台装置、空间的调配到演员的表演都自有其规律和特色,因此,在拍摄中遇到了几个问题:

第一,戏曲和电视如何结亲?如何能相互融合而又不失其各自的优势?

考虑具体拍摄方案时,首先使我感到头痛的是骑马问题。舞台戏有皇帝和孟丽君骑马游上林苑一场。所谓"骑马",那时两个人都拿着马鞭走走便是了,用不着真马上台。现在,在作为上林苑的实景中,有桥有湖,真花真树,如果再拿着根只是马的象征的五颜六色的鞭子,在其间摇来晃去,就未免有些滑稽可笑了。按说,摇着马鞭代替真马,本是戏曲的一大发明,上马、下马、踹马、奔马、惊马……都是美不胜收的舞蹈动作,可以成为演员的绝活。但是碰上《孟丽君》这样需要写实手法的电视剧,尽管我们的越剧演员不那么谙习马术,也只好对这样的舞台绝活割爱,请我们的越剧演员硬着头皮上马了。

>>> 孙道临和夫人王文娟。

王文娟是著名越剧演员,她曾主演过越剧《红楼梦》。

当然，类似这样的"割爱"应当缩到最小限度，应当尽量保留戏曲的特色，而且要多创造机会来使它的特色得到发挥。人们常说戏曲演员的表演可以概括为"唱、念、做、打"四个字。戏曲演员的动作是很富于舞蹈性的，如水袖、身段、台步等，如果因为需要写实而一律予以"割爱"，全部以生活化的动作代替，那不是越发的像故事片加唱了吗？

我觉得在这问题上，是需要小心对待的。戏曲电视片，是戏曲和电视联姻的产物。它既非舞台纪录片，又不是一般的电视故事片。它应该是一种别具特色的艺术形式，既要发挥电视表现手段的力量，又要尽量保留和发扬戏曲的特长，使这个艺术形式能充分运用多种多样的手段酿造出别具魅力的氛围、节奏，鲜明细致地描绘出人物的内心世界和外部活动。

是不是也可以这样说：正因为和电视的联姻，戏曲也可以找到它更尽情发挥的天地？皇甫少华在后楼思念孟丽君的一场戏，我加上了皇甫少华深夜望着竹林，产生幻觉的一段戏：在少华眼中，一个像仙子的白衣美女从竹林深处翩跹地舞来，到近处，那面容竟是孟丽君。当少华追下楼去，那美女却又像一阵旋风样在竹林深处消失了。像这样的场面，可以使演员发挥她的舞蹈功力，并渲染出一种恍惚迷离的情调，在舞台上却是难以这样表现的。

我常想，如果能拍一部以洛神为题材的戏曲电影或戏曲电视，它的效果一定是极为美妙的。

第二,虚和实的关系。

舞台上的戏曲带有很大的假定性。对于景、时间和空间的变化,观众都并不要求它和真实情况一样。而在看电视时,如果不是一部有特殊风格的作品的话,观众显然会要求它给人以真实的感觉。那么,拍摄戏曲电视剧,在环境的刻画上,到底应当服从哪一头呢?

《孟丽君》剧本的风格,显然是趋于写实的。剧中有很多外景,也显然是得选择真山真水、真的园林……因此,内景无论是搭建或选取实景,都不能处理为习见的舞台上那种写意的或装饰意味很浓的风格。但是,如果内景和外景都像一般故事片那样,处理为很实的,第二个问题又来了,和服装又怎么能协调呢?

戏曲的服装往往是色彩比较鲜亮,或浓艳,或淡雅,风格相当夸张。如果我们对这样的风格弃而不取,而采用一般历史故事片那样的装束,很可能使观众感到失却了戏曲的风采。特别是越剧,一向是以服装设计的华美多彩著称的。那么,如果我们的演员穿着异常华美多彩的,离生活真实很远的服装走进一间平实无华,却被当做他的居室的房子里,不是会使人感到异常不协调吗?

所以,看来内外景和服装的配置,都需要在虚实结合上多下些功夫。

服装,要注意合乎人物的性格,每一场的服装色彩和装饰(例如袍上的刺绣)都要符合这场戏的感情色调,不能只追求外在的华美。这样,它们虽然不就是生活中的服装,但却是从生活真实出发来设计的。

尽管服装已经是这样考虑到虚与实的结合了,我仍然担心我们所选取的内外景不能和这样多彩的服装协调统一。在这方面,我们的美工师、道具师做了大量的工作。在慎重地选择了外景之后,他们又根据剧情和气氛的需要做了必要的加工。例如原始山林中劫囚车的一场,美工部门就曾经花了不少工夫,在实景基础上加强了它阴森隐秘的气氛。大量的内景更是使他们费了不少心血。他们不像一般故事片那样做实打实的陈设和装饰,而采用了大片的衬托不同气氛的挂幕,以及合乎居室主人性格和情绪的大幅壁画、屏风以及细描的窗饰来创造出一种意境,同时也留出大量的空间,让演员表演时可以有足够的活动余地。全片中的《洞房》及《皇甫少华后楼之夜》这两场戏,或者可以体现出他们的匠心。在实景的基础上所做的这些处理,使得演员穿着他们同样是从剧情和人物性格需要出发而设计的服装走进这些房间时,调子是统一的。总的说来,没有产生我以前所担心的,多少有些不协调的感觉。当然,由于我处理上的疏忽,个别地方是有些格格不入的,例如孟丽君带着满是珠翠的朝冠回家,躺在床上,就使人在视觉上有不舒适的感觉。

第三,表演上的掌握。

进入摄制阶段时,我首先遇到的是唱腔的先期录音问题。在舞台上,演员和台下的观众保持着一定的距离,不能不放开嗓子唱得很响亮,以使最后一排的观众也能听得清清楚楚。自然也有唱得很低回婉转的时候,但由于和观众的距离带来的限制,终究是有一定局限的。电视是一个完全不同的媒体,演员不需要用很大的声音去征服自己和观众之间的空间。最细弱的歌声,最轻微的喟叹,都可以清楚地传送给坐在你面前的观众。在声音处理上,演员可以有更大的自由。你可以振聋发聩地唱出最强音,也可以像对观众窃窃私语一样,用最纤细的气声表达你的感情。假如你在为电视录音时还像在舞台上一样拉开嗓子唱,听起来就未免有粗放之嫌了。在我们先期录唱腔时,有些演员并不是一下子就能适应这个变化的。但是,当他们通过实践,认识到这一点时,便从对自己唱段的处理中找寻到了别样的乐趣。在这方面,录音师和演员们的合作热情是值得称道的。

在形体动作上也存在着同样的问题。经常在舞台上演戏,往往养成两种习惯:一是有相当强的舞台感,表演时总想面对摄像机(好像是在面对观众);二是动作的夸张度较大。在摄像机前如果照这样演,那就是地地道道的舞台纪录片感觉了。

另外,戏曲动作大多是程式化的。在这部电视剧中,不是所有的程式化动作都能应用的,譬如前面第一个问题中所提到的马鞭,就是不得不"割爱",而用生活中的真实骑马动作代替的。有不少程式化动作,在表演时需要注意幅度的适度掌握。譬如水袖,是很美的传情达意的舞台动作,但到摄像机前就不能不根据画面的远近、人物性格及感情浓度,更细致地考虑运用时的分寸了。弄得不好,是很容易使人感到过于夸张的。

以上,是我在拍摄这部戏曲电视片过程中,有关这一特殊艺术形式所考虑到的三个问题。这里,还必须提到化妆师毛戈平在人物造型上的出色贡献。这部片子中几位主要演员年龄都已不轻,通过毛戈平的妙手,及摄影师的细心合作,使这几位演员在镜头前都能重现青春,为全片增色不少。

最后,还想说说我对这部连续剧的主旨的体会。

这部连续剧也可说是呼唤人间至情之作。它抒写了各种不同人物的不同的情。这些人的情又无不围绕着孟丽君在震颤、萌动。一个孟丽君,牵动着剧中所有人物的心。她真是个奇女子,作家笔下的理想人物。

一个文弱女子,居然能发出那么大威力,震动并且终于战胜了一个王国。当然,如果说这部作品的作者是要为数千年来被束缚的妇女争光,是要呼吁妇女解放、歌颂巾帼英雄,也未尝不可。不过,我觉得对于这部作品的意义的理解应该不止于此。李白的《梦游天姥吟留别》一诗结尾有这样两句:"安能摧眉折腰事权贵,使我不得开心颜。"倒是可表达出孟丽君的性格特点。这种性格特点是超越男女界限的。我想,世间不论男女,都可以从孟丽君的行迹中看到一种人格的光辉、一种中华民族的传统精神,并从中汲取力量。"富贵不能淫,贫贱不能移,威武不能屈。"孟子的精辟语言,道出了孟丽君这个形象所以能迸发出人格光辉的所在。也正是在这样的感受下,我写出了这部连续剧的片头、片尾歌词。盼望这部连续剧能真正体现出这层意思。

十集电视连续剧的篇幅相当于五部电影。像孟丽君这样的戏曲题材,如果拍成一部电影,不算先期录音工作在内,单单拍摄时间总得两个半月左右吧。而这部相当于五部电影的篇幅的连续剧,却也是在两个半月内完成全部拍摄工作的。由此可以想见工作强度之高。在这里,我怀着敬意感谢和我一起在炎热季节完成这部戏的拍摄工作的全体摄制组成员。在一个愿望和理想下团结起来的人,力量是无穷尽的。我也应当感谢为这部连续剧提供了经济条件的上海企业家,他们的热情支持也给了我前进的动力。

对戏曲,我是个门外汉,拍摄戏曲电视片,更乏经验。不当之处,还望方家指正。

忘归巢记

每日清晨,总是我熟睡的时候。一天,偶在这时醒来,窗外传来一阵难得听见的声音:鸟鸣。打开窗,那声音愈显欢畅,越过对面绿荫之巅,有的如玉磬轻叩般清脆,有的如荷叶上露珠般宛转。在那晨光熹微的时候,一切浊气均已褪尽,薄雾环绕着那层层叠叠的树丛,这些声音就令人感到更加纯净,不禁羡想那苍翠林叶深处,竟是何等舒情快意的世界!

>>> 孙道临夫妇与女儿孙庆原在一起。

片刻,似乎受到了那远处传来的鸣唤的感召,近处的梧桐中、屋顶上,一群群麻雀也竞相啼叫了。虽然不那么悠扬动听,但一阵阵、一片片的"叽叽喳喳",却别有一种生之欢喜。早晨来临了,静止的生命又开始躁动了,他们互道早安,用充满焕发力的鸣声迎接又一个白昼的开始。

第二天凌晨,我很早就醒来了。侧过头,我谛听窗外是否又有同样的声音传来。然而,一辆早班车驰过,随后,又静谧了。这时,从窗帘缝隙中透进来的天色,却已是相当明亮了啊。我急忙起来把窗帘掀开,望向窗外,马路旁的树上闪动着一层昏黄的光晕。那是路灯的颜色!瞻望东方,还只是一片灰暗的云层。眼前泛出的天色,原来是混杂有不少人工的成分的!横竖难以入睡了,我走到阳台上,望着对面向远处伸展出去的树巅,仍然想搜寻昨晨传来的音响,却再一次失望了。渐渐,那暗苍苍的树巅泛出翠意了,一点点明亮起来,昏黄的路灯也慢慢失去它的威力,真正的黎明的光彩开始笼罩一切……这时,从那寂静的林叶深处,突然传出一声轻微的又几乎是羞怯的鸟啼。不一会儿,更远处,嘹亮的短笛般的鸣声飞过来了,一声,两声,终而又引起昨晨那样生趣盎然的合唱。我恍然明白,虚假的光色是不能换来鸟儿们的欢歌的,他们只爱那真正的黎明。

如果不是前一夜入睡太迟,听一听它们的歌声就几乎成了我每天黎明时的习惯,来上海定居多年,年轻时倒也不那么渴求山林之美,现在,竟感到这样的鸟鸣是一种难得的享受了。我家窗下就是大道通衢,幸亏几年来定下规章,过往车辆不得鸣笛,清静了许多。然而,白昼里车来车往,不去注意倒也罢了,稍一侧耳,就不断只听见各种各样的车辆辗地的声音。它们平滑来去,我已习惯了,不再意识到它们给我带来的那种紧迫感、沉重感。当然,只有在我注意到它们的存在,或是有的客人抱怨我这里太吵闹时,才突然感到,那些单调的摩擦声是多么令人难耐,以致窒闷。

正因为如此,我就格外庆幸我窗外马路的对面,是一位伟人的故居。托他的福,从我窗里望出去,因为是在楼的高层,所以望不到窗下的马路、熙熙攘攘的车辆,却只看到对面宅子中的绿树丛。有客人来到我家阳台上,我常常引他们后退两步,然后指着对面的绿丛说:看,这是我家的花园!那些天真的客人竟频频颔首表示惊羡。我笑了,骄傲地告诉他们,不仅如此,每天早晨,我还可以听见露水般新鲜的鸟鸣。那时,我感到,自己高居在一片浮翠的巅顶,像一个真正的有巢氏之民,有那么多自由自在地飞翔、尽情舒展歌喉的鸟儿做伴!人们喜欢给自己的居室起个雅号:轩、楼、斋……我呢,我却不如唤它做"巢"!

不管这一生过得多有价值,我们总不免是光阴的过客;或者由于生活不太安定,经常要变换住所。因此,可能有人把自己的居室唤做"巢",多少有一点向天地"借得一枝栖"之意。这,却不是我的想法。搬到这里来,算来已有二十多个春秋了,也还想在这里长期住下去,以至在此终老。因此,我的唤它做"巢",非但没有暂且栖身之意,却更有一种野心,想就此占得这天地的一角,不他迁。甚至抵制死神对我的召唤,尽可能拖延那向茫茫乌有乡归去的时日。为了表达这样非分的念头,我把这个巢题名"忘归"。

忘归,忘归,人们来到一个胜境,不胜欢喜,常常流连忘返。

的确,人世是一个胜境。从混沌的宇宙中跃出地球这样一个充满着生之喧闹的星体,又跃出像人这样一个充满智慧和感情的生命,不知要经过多少亿年物质的融合、分解,多少亿次偶然的机遇、碰撞。我是一个幸运之子,能作为人类的一员生存在这世界上,体验着多少悲哀、欢乐,经历多少离合、成败。尽管一生中承受过多少惨烈的煎熬,但从生命的长河来看,也许正因为这样一些经历,那明媚春光和纯洁的爱恋才对我散发出如此浓烈的芳香!一个宽阔的、表达着充分理解和关切的笑容能使我忘却多少生活中的痛苦!而在我前面,还有多少这样美妙的微笑在迎接着我,还有多少善良的心灵的门将向我开启!特别是在艺术天地中,还有多少宝藏我想挖掘、开发!我爱这人世,如果生死能由我选择的话,我愿能永远忘记后者,忘记向那黑暗的"乌有乡"归去!

青年时,我曾屡屡想中止自己的生命,在那年代我尝到的是生存的卑贱、世态的炎凉,常为自己存在的价值被践踏、被蔑视而痛哭不已。身边偶尔闪耀的一些人情的火花,也无法医治我抑郁的心症。我生长在北京,然而1948年春,我离开那里到上海从影的时候,曾暗暗发誓,再也不回到这发了霉、发了疯的城市。看来,那时的想法确是天真的,我不懂,在一个即将死亡的政权的领地内,是无法找到光明乐土的,逃遁是没有用的。1949年新中国的成立开辟了一片新天地,四十多年来,我好像真正了解了生命的意义,窥见了生命的丰富而又魅人的内涵。尽管心头有时也涂满忧虑和悲伤,但我不相信多少人曾为之牺牲生命的理想之火会那么容易熄灭。我周围仍生活着那么多可爱的人,平凡而又伟大的人。我们会携手从曲折的胡同中走上大街,会因为曾历尽艰险而自豪……这人世、这片土地、这城市、这和我一起度过多少快乐和忧愁岁月并时时让我静静深思和写出自己心声的居室,对于我,仍然是一个胜境,使我流连忘返!

1989年秋,承苏渊雷老先生为我这寒室题字,小友周家有为我制匾。一个阳光普照的早晨,家有从20公里外踏车送来这块匾,并亲手为我悬挂在书桌旁的高处。浅咖啡色的板上,绿葱葱的生趣盎然的字,在这杂沓的书斋中熠熠生辉。为答谢这份友情,我回赠他一首不像样的小诗:"欣得周子匾,引我入佳境。曙色生寒壁,忽若春山青。"

一块小小匾额能给我增加如许多的快乐。可以想见,未来的岁月将给我带来多少美好的经历。忘归,忘归,愿这小小巢居为我接纳更多的热情、友谊和创造的喜悦,更多更多的新鲜如朝露般的声音。

惶悚

一天,和一位中年朋友在一次演出间歇时谈起各自近况,都觉得时间不够用,一直忙忙碌碌,脑子里塞满了各式各样"必须"去做的事情。我说,尽管生活得如此实在、丰富,但作为一个创作者,一个搞电影的人,五年来没有一部新的故事片问世,是深为歉疚的。当然,个中原因甚多。其中的一个,恐怕是近年来自己着力参加筹划的项目难度太大了,至少是目前的财力所不易达到的,因之岁月蹉跎,难见眉目。但也仍在做着种种努力,仍在盼望着,皇天不负苦心人,有一天能实现宏愿……

这时,这位中年朋友突然睁大了眼,对我说:你还有几个五年啊!

这一问,加上他那半似反诘半似关切的神情,着实使我呆住了。不由得一股惶悚的感觉涌上心头。岁月不饶人!有时确实忘记了这句话,好像前面还有无尽充满生机的日子在等待着我,忘记了自己早过花甲,已属古稀了。大概是仗着幼年时练过一阵拳脚,后来又喜欢运动,什么足、篮、排、网、羽毛球、游泳、跑跳和骑马都曾喜欢过。长时期练声,也算是练了练底气,大大增强了耐力,所以到现在身体壮健,纵有一些慢性毛病,也还能跳动一气。偶尔来个二十多小时工作,睡他三四小时觉之后,第二天再照样干也还顶得住……想起来,也还浮想联翩:这个题材喜欢,那种事情也觉得有价值有兴趣……世间的生活竟是那样诱人,那样对我散发着无限的芳香,以至于把自己栖身的小屋唤做"忘归巢",用意是不愿向自己的来处归去,单盼能在这人世长久流连,长久品尝那浓烈的人情滋味。

中年朋友这冷然一句,使我的心里陡地涂上了一层灰暗的颜色,颇像春天里闯进了冬天,一身寒冷,在漫天薄云中,太阳只露出一圈光晕,只能在我心头添加衰颓惆怅之意。街道上,喧闹的市声一下子变得低低的,好像和我隔开了一堵墙,仅仅从遥远的什么地方传来怵然的回声……"日暮苍山远",唐诗人刘长卿在雪茫茫的山道上的叹息,颇能道出我此时的感觉。

然而这种感觉终于不能在我心头停驻多少时候。青年时代,虽有那么多感伤、那么多迷惘,但冥冥之中好像有什么奇特的力量在我身上捻足了发条,使我总是那么不甘寂寞,好胜心切。直到现在,尽管疲劳或者不大顺心时也抱怨说自己成了"工作机器",尽管周围不少人也劝我:可以歇歇了,"潇洒"一些啦!但我依然不能停下步子,不能制止我脑子里那座"永动器"。一篇生动的报道、一桩热情的倡议、一抹灿烂的阳光、一支美丽的歌曲,都使我怦然心动。有时想,如今的我,竟总比18岁时的我大大易于激动,因此也可以说是大大的年轻啦!这是为什么?

也许是几十年错综复杂的生活经历使我更加懂得,没有什么比人间真情更加可珍贵的了。我曾经经历过许多不幸,然而也接受过不少深情与善意。至今,这些深情善意积成了厚厚的一大层,垒在我心上,垒在我记忆中,不管什么时候,类似的情意在我心头一触,便会使它喷发出浓浓的感情溶液。读一篇至情流露的文章,我流泪;做一次至情流露的谈话,我流泪;想到一些人曾多么无私地贡献出他对人间的爱,我流泪……唉,真是比18岁时的我更加容易激动,更加"年轻"了。

因之,一刹那的惶悚,也只能是一刹那而已。从中,却获得了一种紧迫感。有时候想到,如果生期已尽,最好是在什么样的不知不觉中或比较"安乐"的情况下突然辞别人世……然而,一刹那间,却又觉得去想这些完全无法预料的事是无聊和无补实际的。想也罢,不想也罢,反正大限来临,总要 bye—bye,或者干脆来不及说声 bye—bye 的。还是趁有生之年,多从创造中吸取生活的美酒,并多多回答人们曾给予的爱意,多贡献出一点热量为好。

刹那的惶悚,竟变成了力量。也许,这样的惶悚感觉还将不断袭来,那就让它不断向欢腾转化吧。

谢谢我的中年朋友,他的凛然一瞥和意味严峻的诘问,使我有所思考,也给了我这篇文章的题目,使我完成了"话人生"的编辑同志的热情嘱托。

孙道临自述

我很幸福

在这纪念世界电影100周年和中国电影90周年的日子里,我时常想起在拍摄《永不消逝的电波》时一个难忘的夜晚。

那是1958年的夏天,我们在八一厂拍摄这部片子的情景。导演王苹同志心脏不太好,但每天晚上仍然非常认真地和创作人员一起研究第二天的戏的拍摄方案。大家高谈阔论,往往要谈到午夜以后,她再回宿舍仔细整理,第二天清早准时开拍。这个研究会议是在一间空荡荡的大屋子里进行的。有一个晚上,夜深人静,周围一点声音也没有了,大家谈得有些疲劳,暂时休息,静默片刻。这时一个同志突然说:工作是很累,但我们在研究怎样塑好李侠这样的人物形象,我们是在做一件非常有意义的工作,我感到很幸福!他说完,大家依然沉默着,没有说什么。说这话的同志和王苹同志都已逝世多年了,但这话至今还在我耳边响着;当时的情景,也像在眼前一样鲜明。看来我这一生也不会忘却了。是的,听了这话,大家是沉默的,但我分明可以感到大家在胸中涌动着的激情。是的,我们是幸福的,因为,作为一个中国的电影工作者,我们可以这样心悦诚服地为我们的人民,同时也无疑是为全世界人民做着一种歌颂崇高精神的工作。

>>> 新婚蜜月时的孙道临夫妇。

近年来,我在国内各地访问,遇到一些中年人,他们都亲切地对我说,他们是看我们的电影长大的,我们的电影陪伴着他们走上人生的道路。从他们的话里,我可以感到他们的喜悦和自信,感受到他们对自己所走道路的自豪感,因而愈加感受到他们对我们的深厚感情。不少青年人也告诉我,在我们所拍摄的影片中,他们看到了一种真诚的和国家人民共命运的感情,因而他们爱这样的电影远胜过那些颓废的灰色的作品。有人曾问我,你现在年龄大了,是不是有失落感?我说,经常听到观众们对我说前面那样的话,怎么会有失落感呢?我没有虚度自己的青春,没有辜负人民乳汁的培养,而且我还想争取多为人民电影事业出点力!作为一个社会主义新中国的电影工作者,我们是幸福的,因为我们植根于自己的土地,带着人民给我们的爱和创作灵感,和人民一起前进。

我相信,在世界电影史上,将永远记下我们的充满理想和博大爱心的电影的影响和价值。正是由于这样的理想和博大爱心,我们也将摈弃自己的不足,吸收一切可以借鉴的经验,拍出更多、更美好的动人心魄的影片。我们电影中对人类充满信心和愿为一个美好世界奉献一切的精神,将在世界电影史中闪闪发光。

梦伦巴及其他

从1993年春节起,我进入了自己的本命年。原以为所谓

"本命年",是指这一年我可以鸿运当头,事事如意。有人送给我一根红绳带,说是缚在臂上,这一年可以顺顺当当。我也没在意,不知把它丢到哪个角落去了。直到前不久才知道,本命年原来是对自己不祥的一年。这时,才庆幸这一年总算是安然度过的。虽然忙个不停,但没什么大不如意的事。只是有点"不务正业",电影拍不成,其他事却多得很,不停地在东奔西跑,两度去新疆,一个半月,海南岛十天,新加坡、香港也去走一遭,都了却一些夙愿。到临近年底那一个半月,更是马不停蹄。昆明、杭州、北京、上海……几个地方连轴转,只北京就进出三次。一年中,打算拍的戏要谈剧本、改剧本,有些文章要在约定的时间交出;一会儿是哪里哪里要录音、录像、接受采访或演出,一会儿要做某某电影节开幕式、纪念晚会的主持,或是参加必须去开的会……脑子里经常有十几种要做的事在盘旋,其中有些是很想做的,有些是想推却不能推的。有的记者喜欢问:你业余有何兴趣?我想了想竟答不出。只好说,大概是临睡前安然躺在床上读读报纸吧!真成了个与"潇洒"二字绝缘的人。

想不到,反而是在1994年春节前后,我的颈椎病发作了,看来起因脱不了是本命年里涉事过繁,所谓"积劳成疾"吧。颈痛、背痛、肩痛,发展到夜夜不能入睡。卧也不是,坐也不是。一会儿躺下,一会儿起来在室内兜圈子,只盼到天明。有时也只得服大剂量的止痛药,朦胧一阵儿;到医院打封闭,也只能抵挡一天,过了这一天,又依然如故,或痛得更无法忍受。既整夜不睡,却

孙道临自述

又不感困倦,那是因为无法断却的痛楚的刺激把精神吊了起来。这样,几天下来便感精力耗尽。南方冬日,气候又那样阴湿,便更觉萎顿,以至于悲哀、悲观起来了。

用笔抒发感情对自己是一个安慰,我便信手写下了这样的句子,"悲歌"一番:

> 我看见墙壁上绽开的裂纹,
> 钢窗上的玻璃自己断碎,
> 天空阴霾,或者落下冷雨,
> 老鼠坚持不断地咬啮墙角,
> 街车轮碾地的声音没有止歇……
> 世界只是沉默着。
> 我周围人的笑容消失了。
> 他们望着我,眼光中混合着惊奇与体谅。
> 门轴发出"嗞呧嗞呧"的声音,
> 虽然这还是清晨,
> 我却开始觉得我老了。

> 我的精力差不多已耗尽,
> 我的梦想逐渐在消失。
> 可悲的是,我的居室
> 竟也已是这样古老,
> 新的生命悄悄离它而去。

在窗前,我看见反射出的
我的茫然的眼神。
一连串街车过去了,
好像是春风又将拂过了,
好像是又有一批长大的孩子
喧闹着走过了。

呵,可悲的是它们离我
竟如此遥远。
可悲的是梦想在消失,
我知道,我的世界也将消失。

那些日子,本当参加一个重要的会议。出于不得已的请假惊动了同在一组的朋友们,他们热情地前来探视。其中有一位只见过几次面的朋友特意为我请来了一位这方面的中医专家,治了一次,痛楚稍减,一天早晨,突然沉沉睡了一觉,而且做了一个酣畅的欢快的梦。

我梦见自己跳伦巴,
那样热烈、那样优雅,
在明亮的大厅里,
惹起客人们一片喧哗。
呵,伦巴,伦巴!
好浓的生命颜色,

孙道临自述

好奔放的步伐。

酒神擂鼓,爱力萌发。

啊,这不是梦,

这是我心的律动,

我的生命

还在盛开玫瑰花,

你看,到现在

玫瑰的香气还没有褪尽,

伦巴,伦巴,

居然我还在跳伦巴!

比起陆放翁暮年归隐湖畔书巢,壮心不已,金戈铁马入梦,我这个梦伦巴真是毫无磅礴之气,只能算是现代人用现代趣味表达自己对生命的爱和留恋吧。但磅礴也好,涓涓细流也好,总还是希望多留一些暖意在人间的。一生经过多少劫难,有时感到大顿挫、绝望,但稍有转机或安慰,便感到阳光破云而出,不丢却对人的希望,不丢却诚挚的爱心。至今,这也应算是一点安慰了。

1976年"文革"结束后,我争取去拍摄反映大寨的艺术性纪录片,在那里先后工作了 年半有余。有 阵,所住的招待所房间,窗外就是一带黄土山坡,岭上几家窑洞比较冷落。秋天,一到下午,阳光被招待所的高楼遮却,就感到一切暗暗的。但刚从

"文革"解脱出来的我,面对这样令人感到荒凉的景色,却仍然写出这样有温馨之感却又粗放的句子:

> 我看见春草的山坡上
>
> 洁白的羔羊无拘无束地跳跃,
>
> 我看见新绿的树巅
>
> 黄嘴的乳鸟向天空"呀呀"啼叫,
>
> 我看见初生的云彩
>
> 从横亘千年的山谷冉冉升起,
>
> 我看见第一颗星辰
>
> 在无尽的沉默夜空闪出光毫。
>
> 啊,生命的开端,无忧的胚胎,
>
> 有了你,世界的容颜才舒展出欢笑,
>
> 有了你,人类才从此踏步向前,高歌创造!
>
> 经过多少世纪的风雪,多少次大地崩裂,
>
> 多少次冰川的冲击,多少次地火煎熬,
>
> 你——晶莹的珍珠,从混沌中跃出,
>
> 向无情的宇宙,向死寂的洪荒宣告:
>
> 我们要存在,要希望,要向着火光奔跑!
>
> 天真之情,赤子之心啊,请不要把我舍弃,
>
> 我是如此执拗,要把你紧紧拥抱。

孙道临自述

任山洪把绿色的村庄埋葬,
任霹雳把茂密的森林燃烧,
任世界成为一片硝烟火海,
任魔鬼不断向我投掷尖刀,
天真之情,赤子之心,你不会把我舍弃,
不会听我像失却灵魂的尸体,
沉向海底,陷入黑色的波涛,
不会让我幻化做寒冷的陨石,
在太空中无穷尽地降落、浮飘!
我呼唤你,穿过颤栗的雨滴,密集的风雹,
巨石滚坠,山谷成灰,悬崖倾倒,
恐龙成为化石,鲸像融入地下的油潮,
我的歌声永不黯淡,永不停歇,
我呼唤你,用全部纯真全部思念,
天真之情,赤子之心啊,我不能将你失掉!

让我们永远像欢乐的羔羊
在春草的山坡上无拘束地跳跃,
让我们永远像啁啾的幼鸟,
在新绿的树之巅顶快活地鸣叫,
让我们永远驾着新生的云彩
在横亘千年的山谷中遨游,

让我们无邪的眼凝视夜空,
反射出明亮星辰的光毫,
啊,大声吟诵出心底的诗篇,
讴歌明净的湖水,彩虹的环抱,
讴歌挚爱的胜利,收获的丰饶。

大地!你给了我天真之情,赤子之心,
就给了我脑,给了我力,给了我冲动,
给了我无涯的希望,深沉的爱的追求,
给了我生命的河流,无穷无尽的创造!

>>> 孙道临塑像。